루트비히 포이어바흐와 독일 고전철학의 종말

더 레프트 클래식 1
루트비히 포이어바흐와 독일 고전철학의 종말

프리드리히 엥겔스 지음
양재혁 옮김

2015년 11월 23일 3판 1쇄 발행
1987년 11월 30일 초판 1쇄 발행
1992년 3월 20일 2판 1쇄 발행

펴낸이 한철희
펴낸곳 돌베개
등록 1979년 8월 25일 제406-2003-000018호
주소 (10881) 경기도 파주시 회동길 77-20 (문발동)
전화 031-955-5020
팩스 031-955-5050
홈페이지 www.dolbegae.com
전자우편 book@dolbegae.co.kr
블로그 imdol79.blog.me
트위터 @dolbegae79
페이스북 /dolbegae

편집 김진구
표지 디자인 김동신
본문 디자인 김동신·이은정
마케팅 심찬식·고운성·조원형
제작·관리 윤국중·이수민
인쇄·제본 영신사

ISBN 978-89-7199-699-7 94130 / 978-89-7199-698-0 (세트)

이 도서의 국립중앙도서관 출판예정도서목록(CIP)은 서지정보유통지원시스템 홈페이지
(http://seoji.nl.go.kr)와 국가자료공동목록시스템(http://www.nl.go.kr/kolisnet)에서
이용하실 수 있습니다.(CIP제어번호: CIP2015029602)

더 레프트 클래식 1

루트비히 포이어바흐와 독일 고전철학의 종말

프리드리히 엥겔스 / 양재혁 옮김

한 세대 만에 다시 책을 펴내며

초판을 발행한 지 벌써 한 세대가 다 되어간다. 옮긴이의 말을 다시 쓰려고 그간 쓰고 펴낸 책들의 서문을 읽어보니, 독일에서 학위를 마치고 귀국하여 교수직을 시작한 1983년 봄에 고민하던 철학적 토론의 문제가 지금도 거의 변화하지 않았다는 사실을 확인했다. 1990년 가을, 철학과의 한 동료(모대학 교수) 아들 혼사에 경향 각지에서 철학과 교수들이 자리를 함께하여 자못 심각한 대화를 나누었다. 당시 KBS방송국 〈심야토론〉 프로그램에서 교수 한 사람을 섭외하고 있었는데, 누구도 그 요청에 응하려고 하지 않고 있었다. "그동안 학생들을 의식화시킨 교수 한 분을 추천해달라는 요청을 받았는데 참석해봐야 망신만 당할 수밖에 없다"고 섭외 요청을 받아들이지 말자는 분위기였다. 소련연방이 해체된 세계사적 주류의 상황에서 '마르크스–엥겔스'Marx–Engels 사회주의 이론이 잘못된 것으로 검증되었다는 점을 확인하려는 방송국의 토론 기획에 참석하면, 그동안 운동권 학생들을 의식화시킨 교육이 오류였다는 항복을 받아내려는 노림수에 속아 넘어가는 꼴밖에 되지 않았기 때문이다.

중론 끝에 "내가 참석하겠다"고 자청했다. 토론자는 모두 다섯 명이고 좌장은 양호민 씨였다. 역시나 보수 이념이 강한 이른바 어용 교수 세 사람은 예상한 바와 같이, 이제 사회주의 이론은 소련의 붕괴를 통해 잘못된 것으로 검증되었으니 폐기할 수밖에 없다는 결론을 내고, "양 교수는 어떻게 생각하느냐?"고 나에게 물었다.

그들은 "첫째, 소련연방의 해체는 자본주의의 승리이다. 둘째, 계급 투쟁 이론은 사회의 갈등만 더욱 조장할 뿐이다. 셋째, 무산자(프롤레타리아트) 독재라는 개념 자체가 독재체제를 정당화하는 이론이다"라고 순차적으로 결론을 도출했다. 여기에 나는 다음과 같이 그들 주장의 오류를 지적했다.

첫째, 소련연방은 사회주의를 표방했던 것이지, 마르크스–엥겔스의 사회주의 이론과 거리가 있다. 국제 혹은 국가 독점자본주의 체제가 존속하는 한, 사회주의적 대중경제 체제에 대한 제도교육은 더욱 필요하다. 둘째, 1퍼센트의 자본가 계급이 99퍼센트의 노동자시민 계급을 지배하는 한 계급 투쟁은 필수불가결하다. 셋째, 무산자 독재는 자본가 계급의 지배에 비할 바 없이 민주적이다. 왜냐하면 무산자 독재는 99퍼센트에 달하는 노동자시민의 권리를 지키기 위한 한시적 과정이기 때문이다. 즉 1퍼센트의 자본가 계급에게 다시 정권을 빼앗기지 않을 때까지만 독점 자본가를 배제한다는 독재론이다. 그러므로 민주적 논리라고 할 수 있다.

어용 교수 세 사람이 합의한 결론을 반박할 때마다 예상 밖의 상황에 난처해진 사회자가 토론의 좌장인 양호민 씨에게 판단을 구했는데, 양호민 씨는 그때마다 내 주장의 논리 전개가 옳다고 말했다. 그날 밤 늦게까지 관심 있게 토론을 지켜본 한국의 철학 교수들은 역시 양심적 학자라면 합리적 논리 전개에 동의할 수밖에 없다는 사실을 조마조마하게 한숨을 내쉬어가며, 마음속으로 박수를 보내며 알 수 있었다.

2015년 현재 집권 세력이 외세(숭미친일)에 빌붙은 채 우리 역사를 왜곡하려 시도하고 있지만, 정의는 일반 민중의 뜻으로 귀결될 것이다. 그것이 역사의 법칙이다.

일제의 식민 지배가 끝난 이후에도 우리 학계는 과학적 연구를 하지 못하고, 지배계급은 의도적으로 반공 이데올로기를 유포하여 사회주의와 그 논리를 파악하지 못하게 했다. 사회주의에 대한 적대적 관점을 과장하여 한쪽을 배척한 결과, 오늘날 사회주의 중국에 대한 무지를 절감하고 있는 것이다. 뒤늦게 중국을 알고자 허둥대고 있는 것처럼, 아마도 머지않아 구소련과 러시아에 대한 연구 열풍이 불 것이라고 나는 확신한다. 그러면 부득이 그동안 무모한 반공 이데올로기로 점철된 구소련과 러시아에 대한 이해를 수정해야 할 것이다. 학문을 정치적 목적으로 통제하지 말고, 연구 대상의 실체를 파악하기 위하여 연구의 문호를 과감히 개방하고 그 안으로 들어가자! 내부의 미

7

로에서 실체를 하나하나 발견할 때마다 새로운 세계가 보일 것이다. 나의 후학인 젊은 학생들은 지금도 여전히 저급한 속물들이 극렬하게 벌이는 색깔론의 도박과 그 환상에 속아 넘어가지 말고, 그들이 가리고 있는 진의가 무엇인지 판단할 수 있기를 바란다. 속물들이 주입하는 허위의식에 속지 않을 수 있다면, 스스로를 능동적으로 창조하고, 나아가 공동체의 번영을 이끌 수 있을 것이다.

철학의 방법론은 지나간 역사적·사회적 변화 과정을 현실에서 구체적으로 밝히면서 그 실천적 동향을 이론화할 수 있어야 한다. 이것은 인류 사회의 일반적 법칙인 '역사변증법'으로 민중 생활의 계급적 복합관계, 그리고 사회체제의 역사적 변화를 분석하여 그 법칙성을 일반화하는 작업이다. 오늘 우리의 정치경제는 세계적 흐름에서 자본주의 발전 과정이 비판 없이 전입되었기 때문에 그 진행을 본질적으로 파악해야만 세계사적으로 요청되는 민권 보호의 길을 제시할 수 있다.

그런데 지금까지 우리의 철학 연구는 어떠했는가. 가령 동양철학의 경우, 왕조를 중심으로 전제 정부의 선악관이나 전쟁사를 나열하는 데서 탈피하지 못하고 있다. 이와 같은 학문 방법의 특징을 분류하면, 크게 두 가지 문제가 있다.

첫째, 역사의 토대가 되어야 할 민중 생활과 사회 구성 및 발전의 논리를 방치했다.

둘째, 역사적 사건에 대한 합리적 비판을 회피한 채 단순 기록에 치중하여 민중의 생산활동의 저력으로 인해 변화하는 역사의 법칙성을 무시했다. 역사를 기록하는 사관들의 계급적 한계와 무의식적 제약을 탈피할 수 없었기 때문에 비판적 시각으로 역사를 기록할 수 없었다. 이로 인해 발굴되지 못했거나 묵살되어버린 사료를 다시 수집하고 분석하여 민중 생활의 발전 과정을 정리할 의무가 우리에게 있다. 그 작업은 단순히 과거에 대한 자기비판을 넘어서 미래를 지향하는 길이 되어야 한다.

우리 선학은 민족의 역사철학을 확립하는 데 얼마나 공헌했을까? 그리고 식민 지배 세력이나 독재정권의 지배이념을 탈피하지 못한 채 옛날 전제폭력 시대에 순종을 강조하는 이념 교육을 '인문학'이라는 이름으로 반복 재생산하고 유포하는 자들은 과연 누구인가? 먼저 오늘날 국정 역사 교과서 문제의 먼 기원으로 작용하는, 식민지 시기에 우리 민족사를 일제의 의도대로 왜곡한 이병도李丙燾를 지적해야 한다. 그는 와세다대학 식민사학자 쓰다 소키치津田左右吉의 지도를 받고, 도쿄제국대학 식민사학자 이케우치 히로시池內宏에게서 구체적 방법론을 체득하고, 조선총독부 조선사편수회 수사관보 직책으로 민족 고대사를 말살·왜곡했다. 해방 이후 서울대 사학과 교수로 재직하며 미군정 시기에는 박종홍朴鍾鴻과 '국대안'(경성제국대학을 국립대학으로 하는 계획)을 은밀히 추진했고, 이승만 정권의 친일세력이 득세하는 체제에서 식민사학계의 계보를 굳건히 관리하여

9

오늘날까지 한국사를 정치사회적으로 심각한 갈등 요인으로 만든 학자 중 하나다.

그 밖의 부류들은 고전적 골동품 수집상들로서 정치적 쓰임새가 없었지만 독불장군으로 개인의 명예와 안위만을 추구하면서, 민족 문화사를 관념적 소우주로 특수화하여 밥벌이의 수단으로 삼아 비교적 안정적으로 대학에서 자리를 유지할 수 있었다. 그리고 이들과는 달리 학자이면서 체제에 적극적으로 영합하여 관리가 된 특수 계층이 있는데, 그들은 '한반도의 특수사정'이라는 편향적 논리, 즉 반공주의를 생산하여 사리사욕을 채웠다.

이와 같이 두 가지 유형의 학자들을 분석하면, 전자는 신비로운 아우라마저 있는 데 비하여 후자는 독점적 정치성을 띠며 폭력성(가령 국가보안법)과 연합한다. 본질적으로 사회역사적 법칙을 거부하고 회피하려 한다는 점에서 양자는 동일하기 때문에, 그들은 반사회적이고 반역사적인 속물이며, 사회역사적 발전을 방해하는 공공의 적일 따름이다.

인간은 먹고 생활하면서 동시에 사유하는 존재이기 때문에 동물과 구별된다. 인간의 특징으로 그 생산 기술을 발전시킨 점을 지적할 수 있다. 그리고 살아 숨쉬는 육체가 주어진 환경과 지속적으로 교섭하는 행위를 생산 노동이라고 한다. 철학의 기초는 인간은 "무엇을 어떻게 생산하는가"라는 질문에서 출발한다.

사회 환경에서 일정한 방식으로 생산 활동하는 일반 개인은 정해진 생산 관계에서 다른 사회정치적 조건과 상호 관련을 맺는다. "인류의 역사란 그들의 현실적인 생활과정이다." 그러나 이것은 이른바 인문학이라는 이름으로 설교하는, 성실한 개인의 수동적 감수성에 의존하는 생활방식이 아니다. 현대의 생산 관계는 단순히 자연 환경과의 교섭만을 의미하지 않고, 그 시대의 사회 환경 및 그 조건과 상호 투쟁하는 것을 포괄한다. 상호 투쟁하고 교환하는 광범위한 사회적 생산 관계가 물질적 생산 수단이 되어 생산력의 변동과 발전을 가져온다. 오늘날 국제적으로 연합된 생산 관계는 그 총화에 있어 지구촌을 단위로 하는 환경을 구성하고 있다. 이는 '신자유주의적 질서'라고도 한다. 오랫동안 지속되어온 가치 체계가 붕괴하고 새로운 세계 질서가 만들어지고 있다.

고대 사회, 봉건 사회, 부르주아 사회, 그리고 1퍼센트의 자본가가 지배하는 독점자본주의 사회는 모두 생산 관계 양상의 총화로 나타나며, 그 각각은 동시에 인류 역사에서 일정하고 특정한 발전 단계를 대표한다. 역사철학에서 역사의 발전 단계는 그 사회의 특수성을 의미한다. 예를 들어 조선 사회의 봉건왕조는 역사적 특수성이다. 조선조의 국가철학이었던 유교사상은 공허하거나 유명무실하지 않고 분명히 현실성이 있었다. 봉건왕조로서 유교사상을 신봉했던 조선 사회의 특수성은 자본주의 사회로 나가는 계기를 만들었던 것이다.

11

우리 민족의 역사 발전의 모든 과정은 지리적이고 문화적인 외형적 특징의 차이를 인정하더라도 다른 민족의 발전 과정과 구별되는 독립적인 형태가 아니며, 일반적인 세계사의 발전 법칙에 종속될 수밖에 없다. 다시 말해서 우리 민족 발전사의 독특성을 인정하더라도 사회 구성의 내면적 발전 과정 자체는 보편적 세계사 발전의 특징일 뿐이다. 그렇기 때문에 우리 역사 철학사 연구의 일반성 확립이 가능하며, 현실의 특수한 정치세력이 강행하고 있는 '학문의 억압과 역사 왜곡의 반동'에 절망하지 않을 수 있는 가능성을 찾을 수 있다.

여기서 우리는 프리드리히 엥겔스가 이 책의 결론으로 도출한 노동의 발전사를 주목해야 한다. 엥겔스는 공식적인 정치기구에 실망하여 사회 변혁의 가능성을 노동자 투쟁에서 찾았다. 그리고 마침내 "독일 노동운동은 독일 고전철학의 계승자이다"라고 선언하기에 이른다.

한편 마르크스는 「포이어바흐에 관한 테제」11개를 제기하면서, 포이어바흐의 현실 파악에 대한 결함을 지적한다. 포이어바흐가 현실 대상을 객관화하고 지각의 형식으로만 파악하려 하고, '인간의 감성적인 행위나 실천'으로서는 파악하지 못하여 주체적으로 인식하지 못했다는 것이다. 마지막으로 "이제까지 철학자들은 세계를 다양하게 해석해왔을 뿐이다. 그러나 문제는 세계를 변화시키는 데 있다"라고 비판한다. 우리 전통철학의 신비적 수동성과 인문적 서정성 그리고 외세에 빌붙는 식민사학의 특수성을 극복할 수 있는 희망은 우리 역시 '한국 노동운동'의 발전에서 찾을 수 있을 것이다.

2015년 11월
양재혁

3판 옮긴이의 말

철학책을 접하면 누구나 '관념론'과 '유물론'이라는 이해하기 쉽지 않은 문제에 부딪힌다. 철학의 기초적인 세계관을 말할 때 관념론이란 유물론과 반대의 입장을 말하며, 세계를 설명할 때 물질에 대하여 의식을 마지막 기초로 강조하는 인식 방법을 말한다. 다시 말해서 관념론이란 정신이나 영혼을 감각의 '기초'로 보고 객관 사실의 총체인 물질을 '종속적'인 것으로 규정하는 철학관이다.

관념론은 크게 '객관적 관념론'과 '주관적 관념론'으로 분류된다. 객관적 관념론이란 인간의 의식을 그가 살고 있는 역사·사회적 기초로부터 독립시켜 독자적인 '객관적' 본질로 변형하고 물질적 세계는 독립된 의식에 의하여 창조된다는 근본적 원리를 뜻하며(예를 들면 주자朱子의 이학理學), '주관적 관념론'이란 인간의 의식을 절대화시키며 따라서 객관적 세계를 단순한 의식의 내용물로 간주하기 때문에, 생각하는 주체로부터 독립된 외부세계를 부정하려는 태도이다(예를 들면 불교佛敎와 왕양명王陽明의 심학心學).

15

객관적 관념론은 플라톤 철학에서 완성되었으며, 그것이 중세에는 기독교 사상(토마스 아퀴나스)으로 대표되었고, 근세 시민철학에서는 라이프니츠와 헤겔의 경우를 들 수 있다. 현대 서구 철학에서의 객관적 관념론은 신헤겔주의나 이른바 신토마스주의Neuthomismus, 새로운 존재론Ontologie 등을 통해서 인간, 의식 밖의 절대적 신이나 이성理性을 전제로 하는 데서 나타난다.

주관적 관념론은 18세기 초 버클리Berkeley와 흄Hume에 의하여 발전되었는데, 현대 서구 철학에서는 무엇보다도 실증주의 Positivismus, 생의 철학Lebensphilosophie, 실용주의, 실존주의 등으로 대표된다. 이 철학의 경향은 실제적 사물이나 객관세계를 주관적 의식으로 평가하고, 인식의 감각적 단계를 절대화하여 외적 세계를 한갓 의식의 내용으로 파악하는 방법이다. 이 방법에서는 인식을 여러 단계로 구분하여, 우리들이 알 수 있는 것은 오직 현상뿐이고 본질은 선험적이라 알 수 없다는 칸트의 경우와는 반대로, 선험적 질서는 나, 즉 자기의식이라는 주장(피히테 Fichte 또는 바우어Bauer)도 있다. 여하간 주관적 관념론은 현대로 전해 오면서 숙명적이고, 종교적인 경향으로 나타나고 사회와 연관되어서는 엘리트 이론으로 대표되고 있는 것을 특색으로 한다.

사회적 차원에서 관념론은 사회의 적대적 계급관계, 특히 정신노동과 육체노동의 심한 차등에서 더욱 예민하게 전개되었다. 인간의 인식이라는 복잡한 문제를 물질과 의식이라는 두 가지 요소로 독립적으로 분리하여 사변적으로 절대화시키는 과정에서 이러한 관념적 철학방법은 어쩔 수 없이 어느 특정 계층의 이익에 봉사하고, 나아가 교육을 독점하고, 사회적 실천을 천시하고 정신적 행위만을 우월하게 여겨 지배계층의 흥미에 영합하는 이데올로기로 작용하였다는 점은 역사적 사실이다. 그렇기 때문에 관념론과 유물론은 역사적 산물이다.

　　독일 후기 관념론에서 쉘링Schelling의 경우 종래의 방법에 변화를 보여, 자연의 발생을 긍정하면서도 또한 그것은 오직 정신적 산물이라는 이중적 체계를 시도하고 있으나, 헤겔은 그와는 달리 '자연(유한)의 관념성'을 자기 철학의 기초로 하고 있다.

　　하인리히 하이네Heinrich Heine는 관념론을 본유관념本有觀念으로 보아 선험적a priori인 것으로 정의하였다. 그리고 감각론과 유물론을 한편으로 보고 그에 반하여 유심론, 합리론, 관념론을 같은 것으로 보아 다른 한편으로 설명하였다. 이러한 독일 관념철학觀念哲學을 바탕으로 하여 마르크스와 엥겔스는 유물론과 관념론을 인식론과 마찬가지로 철학의 체계에서도 구분하고 있다. 마르크스는 '포이어바흐에 관한 첫 번째 테제'에서 다음과 같이 지적한다.

　　　　지금까지의 모든 유물론 ― 포이어바흐를 포함하여 ― 의 주요한 결함은 대상, 현실, 감각을 다만 객체 또는 지각의 형식으로만 파악하고 인간의 감성적인

17

행위로서, 실천으로서는 파악하고 있지 않으며 주체적으로 파악하고 있지 않다는 데 있다. 그렇기 때문에 행위적 측면은 유물론과 대립하여 관념론에 의하여 추상적으로만 발전되었다. 왜냐하면 관념론은 현실적·감성적 행위 자체를 모르기 때문이다(이 책 121쪽).

한편 엥겔스는 이 책 『루트비히 포이어바흐와 독일 고전철학의 종말』에서 다음과 같이 강조하고 있다.

> 정신이 자연보다 먼저 존재하였다고 주장한 사람들, 따라서 결국 어떤 종류이든지 우주의 창조를 승인한 사람들—그런데 이 우주의 창조는 철학자들, 예컨대 헤겔의 경우에는 기독교에서보다도 더 혼란되고 황당무계한 형태를 취하고 있다—은 관념론의 진영을 형성하였다. 이와는 반대로 자연을 근원적인 것으로 본 사람들은 유물론의 각종 학파에 속하였다.
>
> 관념론이니 유물론이니 하는 표현은 원래 위에서 말한 이외의 것을 의미하지 않았다(이 책 52~53쪽).

옛날에 과학이 현대와 같이 발전되지 못하였을 때의 사람들은 자연 속의 알 수 없는 물리·화학·생물학적 변화들을 모두 막연한 상상으로 만들어진 신의 기적이나 위력을 빌려서 설명했다. 그러나 18세기 이후 자본주의적 산업의 발달과 함께 물리학, 화학, 생물학 등의 자연과학이 급속도로 발전하고 자연의 생명 변화의 원인이 과학적으로 설명되면서, 자연의 변화, 즉 생성, 변화, 소멸 작용이 신의 창조물이라는 이제까지 철학이 담당했던 허망한 이론을 합리화하는 역할은 막을 내리게 되었다.

우리들이 일반적으로 유물론을 거론하면 적대적 이단異端으로 배척하고, 한편 관념론만이 진리인 양 잘못 배워온 것은 말할 것도 없이 관념론이 중세 이후 봉건 지배체제의 이데올로기로서 체제에 철저하게 봉사했던 사실에서 유래한다. 하늘의 명령(天命)을 받은 왕이 지상의 절서를 바로잡는다는 전통 철학은 오늘도 여전히 지배체제 합리화의 이데올로기로 이용되고 있다. 현재 자본주의 국가에서 살든 공산주의 국가에서 살든 건강한 정신의 소유자라면 누구도 사회 발전에 '자연과학적 방법'(유물론)을 적용하는 것을 하찮게 생각하지 않을 것이다.

엥겔스가 1886년에 이 책을 쓸 때의 목적은 그때까지 관념철학으로 세계를 설명하던 것을 새로 발견된 물리학, 화학, 생물학 등의 자연과학 이론으로 대치하려던 그것 이외에 아무것도 아니다. 유물론이란 자본주의자이든 공산주의자이든 똑같이 그들의 육체에 영양분을 공급하여 생활하게 하는 현대의 역사과학을 지적할 뿐이니, 우리들은 이제 유물론이라는 학문방법에 대해서 어떠한 정치적·이데올로기적 선입견도 버려야 할 것이다.

19

동양에서나 서양에서 다같이 이데올로기화되었던 관념론과 유물론에 대한 잘못된 이해를 불식시키고자 엥겔스의『루트비히 포이어바흐와 독일 고전철학의 종말』이라는 작은 책을 한국의 철학도들에게 소개하고 싶은 마음에서, 역자가 독일에서 공부할 때(1978년) 번역했던 노트를 새로 정리하여 돌베개 출판사의 도움을 받아 이제 출간하게 되었다. 돌베개 출판사 여러분께 감사의 마음을 전하며, 끝으로 잘못된 점에 대해서는 독자들의 조언을 바란다.

1987년 10월
성균관대 연구실에서
양재혁

일러두기

1 이 책의 번역 대본은 Friedrich Engels, *Ludwig Feuerbach und der Ausgang der klassischen deutschen Philosophie*, Berlin: Dietz Verlag, 1972이다.

2 각주는 디츠 출판사Dietz Verlag의 엮은이, 엥겔스, 옮긴이의 것 등 세 가지가 있으며, 엥겔스와 옮긴이의 주는 각각 그 작성자를 밝혔다.

3 독서의 편의를 위하여 원문의 문단이 너무 긴 경우 옮긴이가 단락 구분을 하였기 때문에, 원문의 문단 구분과 다소 차이가 있음을 밝혀둔다.

차례

머리말

카를 마르크스Karl Marx는 그의 저서 『정치경제학 비판』*Zur Kritik der Politischen Ökonomie* (1859) 서문에서, 어째서 우리 두 사람이 1845년 브뤼셀에서 "독일 철학의 관념론적 견해에 대립되는 우리의 견해—즉, 주로 마르크스에 의해 완성된 유물사관—를 같이 완성하기로" 결심했는지를, 즉 "사실상 우리들이 그동안 가지고 있던 철학적 확신을 결산하기로 한 경위"를 이야기하고 있다.

이 계획은 헤겔 이후의 철학을 비판하는 형태로 수행되었다. 두 권의 두꺼운 8절판으로 된 초고[1]를 오래전에 베스트팔렌에 있는 출판사에 맡겼었으나, 그 후 우리는 사정이 달라져서 출판할 수 없다는 통지를 받았다. 우리는 우리 자신의 문제를 이해한다는 주요한 목적은 달성했기 때문에 그 원고를 쥐들이 갉아먹는 비

---

1   이 인용문에서 말하는 것은 카를 마르크스와 프리드리히 엥겔스의 공저인 『독일 이데올로기』*Die deutsche Ideologie*를 말한다(Karl Marx/Friedrich Engels, *Werke*, Bd. 3, S. 9~530).

판에 맡겨 두었다.[2]

그때부터 40여 년이 지났고 마르크스도 이미 세상을 떠났다. 그동안 그나 나나 이 문제를 가지고 다시 논의한 적은 한 번도 없었다. 헤겔에 대한 우리의 견해에 대해서는 이곳저곳에서 단편적으로 언급한 일은 있었으나 그 어느 곳에서도 포괄적으로 전체를 취급하지는 못하였다.

포이어바흐는 여러모로 헤겔 철학과 우리 견해 사이의 매개 고리를 형성하고 있었으나 우리는 그에 대해서도 다시 토론해본 적이 한 번도 없었다.

그러는 동안에 마르크스의 세계관은 독일과 유럽의 경계를 멀리 벗어나 세계의 모든 발달된 언어권 내에서 신봉자들을 갖게 되었다. 다른 한편 독일의 고전철학은 외국, 특히 영국과 스칸디나비아 여러 나라에서 부활하고 있다. 그리고 독일에서조차 그곳 대학들에서 철학이라는 명목하에 공급되는 절충주의라는 거지 죽에 사람들이 염증을 느끼고 있는 것 같다.

이런 상황이기 때문에 나는 바로 지금이야말로 헤겔 철학과 우리의 관계 ─ 우리가 어떻게 헤겔 철학에서 출발했고 또 어떻게 헤겔 철학과 인연을 끊었는가 ─ 를 체계적으로 간략하게 서술할 때라고 생각하였다. 이와 꼭 마찬가지로 또 나는 질

---

2   마르크스, 엥겔스 전집(Karl Marx/Friedrich Engels, *Werke*, Bd. 13, S. 10)을 보라.

풍노도 시대Sturm-und Drangperiode에 헤겔 이후 그 어느 철학자보다도 포이어바흐가 우리에게 많은 영향을 주었다는 것을 승인하는 것이 우리에게 남아 있는 마땅한 의무라고 생각했다. 그렇기 때문에 나는, 슈타르케Starcke의 포이어바흐론에 대한 비평을 써달라는, 잡지 『신시대』Neuen Zeit 편집부의 요청을 기꺼이 수락했다. 나의 글은 그 잡지의 1886년 제4호와 제5호에 발표되었는데, 이제 나는 그것을 다시 검토하여 단행본으로 발행하려고 한다.

이 글을 출판사에 보내기 전에 나는 1845~1846년의 낡은 원고를 찾아내어 다시 검토·손질하였다. 낡은 원고에는 포이어바흐에 관한 부분이 완성되어 있지 않았다. 이미 완성된 부분은 유물사관에 대한 서술이었는데, 이 서술은 경제사 분야에 대한 우리들의 지식이 그 당시 얼마나 불충분하였는가를 보여줄 따름이었다. 초고에는 포이어바흐의 학설 자체에 대한 비판이 없었다.

그러나 그 대신에 마르크스의 어떤 한 낡은 노트 가운데에서 포이어바흐에 관한 11개 항목의 테제These를 발견했다. 여기에 부록으로 인쇄된 것이 바로 그것이다.[3] 이것은 마르크스가 후일의 연구를 위하여 썼던 초고이지 결코 출판하려고 한 것은 아니었다. 그러나 이 테제는 새로운 세계관의 천재적인 맹아를

3   이 책 119~124쪽을 참고하라.

내포한 최초의 문헌으로서 헤아릴 수 없이 귀중한 것이다.

1888년 2월 21일, 런던
프리드리히 엥겔스

I

이 저서[4]는, 시간적으로는 한 세대 전이지만 독일의 현세대에 게는 마치 한 세기나 옛날인 것같이 완전히 생각될 정도로 인연이 멀어진 시기로 우리들을 돌아가게 한다. 그런데 그 시기란 바로 독일이 1848년 혁명을 준비하던 시기였다. 그 후 우리 나라에서 일어난 모든 것은 1848년의 계속에 불과하며 이 혁명의 유언을 집행한 것에 지나지 않았다.

18세기의 프랑스에서와 마찬가지로 19세기의 독일에서도 철학 혁명이 정치적 변혁의 전주곡이 되었다. 그러나 프랑스와 독일의 두 철학 혁명은 어찌 이렇듯 다르단 말인가! 프랑스 사람들은 일체의 관 주도 학문과 교회, 그리고 더 나아가서 때로는 국가와도 공공연하게 싸웠다. 그들의 저서는 국경을 넘어 네덜란드 또는 영국에서 출판되고 그들 자신은 언제 어느 때 바스티유 감옥에 투옥될지도 모를 처지에 있었다. 그와는 반대로 독일 사람들은 대학의 교수이며, 국가가 임명한 청년들의 교사였다. 그들의 저서는 공인된 교과서였으며 또 철학 발전 전체를 집대성한 헤겔의 체계는 어느 정도 프로이센 왕국의 국가철학이라는 자리에까지 올라섰다! 그런데 이러한 교수들의 배후에, 그들의 현학적이고 애매한 논의 가운데, 그들의 졸렬하고 지루한 문장 가운데 혁명이 깃들어 있을 수 있었겠는가? 당시 혁명의 옹호자로 인정되고 있던 사람들인 자유주의자들은 인간의

---

4   『루트비히 포이어바흐』(*Ludwig Feuerbach*, von C.N. Starcke, Dr. Phil., Stuttgart, Ferd. Encke, 1885). — 엥겔스

두뇌를 몽롱하게 만드는 바로 이 철학에 대한 그야말로 맹렬한 반대자가 아니었던가. 그러나 정부도, 자유주의자들도 간파하지 못한 것을 이미 1833년에 적어도 한 사람은 통찰하고 있었는데, 그는 바로 하인리히 하이네Heinrich Heine라는 사람이었다.[5]

예를 들어보자. 당시 철학 명제 가운데에서, 헤겔의 유명한 다음 명제만큼이나 근시안적인 정부들의 감사와 그에 못지않게 근시안적인 자유주의자들의 분노의 대상이 된 것은 없었다.

현실적인 모든 것은 이성적이며, 이성적인 모든 것은 현실적이다.[6]

실로 이 명제는 확실히 현존하는 모든 것의 신성화이며 전제주의, 경찰국가, 전제 재판, 검열 등에 대한 철학적 축복이었다. 프리드리히 빌헬름 3세Friedrich Wilhelm Ⅲ도 이와 같이 생각하

---

5 엥겔스는 하이네의 저서 『독일의 종교와 철학의 역사』Zur Geschichte der Religion und Philosophie in Deutschland에 들어 있는 「독일의 철학 혁명」Zur philosophischen Revolution in Deutschland에 관한 대목을 두고 말한다. 이 저서는 1834년에 발간된 것으로서 독일 정신 생활의 이모저모를 개관한 속편이다. 이 개관의 일부는 1833년에 출판되었다. 하이네는 그 대목에서 당시 헤겔 철학을 완결단계로 하는 독일 철학 혁명이, 박두하는 독일 민주주의 혁명의 서막이 되리라는 사상을 표명했다.

6 엥겔스의 이 인용문(Alles was wirklich ist, ist vernünftig, und alles, was vernünftig ist, ist wirklich)은 헤겔의 저서 『법철학 개요』Grundlinien der Philosophie des Rechts oder Naturrecht und Staatswissenschaft im Grundrisse 서문 중의 한 부분(Was vernünftig ist, das ist wirklich; und was wirklich ist, das ist vernünftig)을 바꾸어 말한 것이다.

였고 그 신하들도 이와 같이 생각하였다. 그러나 헤겔의 경우에 현존하는 모든 것이 무조건 현실적이기도 한 것은 결코 아니다. 그에게 있어서 현실성이라는 속성은 동시에 필연적이기도 한 것에만 해당되는 것이다.

자기의 전개 과정에서 현실성은 필연성임이 입증된다.

그러므로 헤겔은 정부의 이런 또는 저런 조치 — 헤겔 자신은 "어떤 조세제도"[7]를 예로 들고 있다 — 를 무조건 현실적인 것이라고는 결코 인정하지 않는다. 그런데 필연적인 것은 결국 이성적인 것이기도 하다. 따라서 헤겔의 명제는 그것을 당시의 프로이센 국가에 적용한다면 다음과 같은 것을 의미하는 데 불과하다. 즉, 이 국가는 그것이 필연적인 한 이성적이며 이성에 상응한다. 그런데 만일 이 국가가 우리에게 악惡으로 보임에도 불구하고 계속해서 존속한다면, 정부의 악은 그 악에 상응하는 신민의 악으로써 정당화되어 설명된다. 요컨대 당시의 프로이센 사람들은 그들에게 알맞는 그러한 정부를 가지고 있었던 것이다.

그러나 현실성은 헤겔에 의하면 임의의 시기, 임의의 정세 아래에 주어진 임의의 사회제도와 정치제도에 내재하는 속성

---

7   Hegel, *Encyclopädie der philosophischen Wissenschaften im Grundrisse*, Erster Teil, *Die Logik*, §147, §142, Zusatz. 14.

인 것은 결코 아니다. 그와는 전혀 반대이다. 로마 공화국은 현실적이었다. 그러나 로마 공화국을 몰아낸 로마 제국도 역시 현실적이었다. 프랑스 군주제는 1789년에는 비현실적인 것이 되었다. 따라서 프랑스 군주제는 헤겔이 언제나 매우 감격에 넘쳐서 이야기하던 대혁명에 의해 전복되지 않으면 안 되었다. 따라서 이 경우에는 군주제가 비현실적이었고, 그 혁명이 현실적이었다. 또 이 경우와 꼭 마찬가지로 이전에는 현실적이었던 모든 것이 발전함에 따라 비현실적인 것이 되어 자기의 필연성, 자기의 존재 권리, 자기의 합리성을 상실한다. 사멸하는 현실성을 대신해서 새로운 생동력 있는 현실성이 나타난다. 이 현실성은 낡은 것이 충분한 사려를 가지고 저항하지 않고 사멸하는 경우에는 평화적으로 나타나지만, 그것이 이 새로운 필연성에 저항하는 경우에는 폭력적으로 나타난다. 그렇기 때문에 헤겔의 변증법 자체에 의하여 그 대립물로 전화한다. 즉, 인류 역사에서 현실적이었던 모든 것은 시간이 흐름에 따라 비이성적인 것이 된다. 따라서 그것은 그 본성 자체로 보아 이미 비이성적이라는 운명을 지니고 있으며 당초부터 비합리성을 지니고 있다. 그리고 인간의 두뇌 안에 있는 이성적인 모든 것은 그것이 아무리 현존하는 외견상의 현실성과 모순되는 것이라고 할지라도 현실적인 것이 될 운명을 지니고 있다. 현실적인 모든 것은 이성적인 것이라는 명제는 헤겔의 사유방법의 모든 규칙에 의하여 다른 명제, 즉 "존재하는 모든 것은 멸망하여 마땅하다"[8]라는 명

34

제로 바뀐다.

그러나 헤겔 철학(우리는 여기에서 칸트 이래 철학 전체의 결산으로서 헤겔 철학에 대해서만 고찰하지 않을 수 없다)의 진정한 의의와 혁명적 성격은, 다름 아닌 헤겔 철학이 인간의 사유 및 활동의 결과가 (지금까지의 철학에서) 종국적 의의를 가진다고 보는 온갖 견해를 영원히 청산해버린 데 있다. 철학이 진리를 인식해야 하는 것은 사실이지만, 헤겔의 경우에 그 진리라는 것은 일단 발견된 후에는 다만 암송하기만 하면 되는 기성의 교조적 명제들의 무더기는 아니었다. 진리란 이제는 인식과정 자체에, 과학의 장구한 역사적 발전 가운데 있게 되었다. 그리고 이러한 과학은 인식의 낮은 단계에서 더욱더 높은 단계로 올라간다. 그러나 과학이 소위 어떤 절대적 진리를 발견함으로써, 그 이상 더 나아갈 수는 없다거나, 팔짱을 끼고 이미 획득된 이 절대적 진리를 놀란 눈으로 바라볼 수밖에 없게 되는 상황까지는 결코 도달하지 못한다.

그리고 이러한 사정은 비단 철학적 인식에서만 그러한 것이 아니라, 다른 모든 인식작용과 실천활동의 영역에서도 역시 마찬가지다. 역사도 역시 인식의 경우와 마찬가지로 인류의 어떤 완전무결하고도 이상적인 상태라는, 종국적으로 완성된 단계에 도달할 수는 없다. 완전무결한 사회라든가 완전무결한 '국

---

8   『파우스트』 제1장 제3막 "파우스트의 서재" 중에서 나오는 메피스토펠레스의
      말을 바꾸어 말한 것이다(Vgl. Goethe, *Faust*, Erster Teil, Studierzimmer).

가'라고 하는 것은 하나의 환상 속에서만 존재할 수 있다. 이와
는 반대로 역사에서 상호 교체되는 모든 사회제도는 다만 낮은
단계에서 높은 단계로 상승하는 인간 사회의 끝없는 발전 과정
의 과도적 단계들에 불과하다. 그 각각의 단계는 필연적이며 따
라서 그 각 단계를 발전시킨 그 시대와 조건에 대해서는 각각
자기의 존재 이유를 가진다. 그러나 그것들은 그것들 자체의 태
내에서 점차로 발전하고 있는, 새롭고도 보다 높은 조건들에 대
해서는 공고하지 못한 것이 되어 자기의 존재 이유를 상실한다.
그것은 보다 높은 단계에 자리를 양보하지 않을 수 없게 되는
데, 이번에는 후자도 역시 마찬가지로 쇠퇴하여 멸망하게 된다.
부르주아지가 대규모 산업, 경쟁 및 세계 시장을 가지고 몇 세
기를 내려오면서 신성화되고 공고화된 모든 제도를 실제로 파
괴한 것과 마찬가지로, 변증법적 철학은 종국적 의의를 지니는
절대적 진리라든가 이 진리에 상응하는 인류의 절대적 상태라
고 하는 따위의 일체 관념을 타파한다.

　변증법적 철학에는 종국적 의의를 지니는 것, 절대적인 것,
신성한 것이라고는 아무것도 없다. 이 철학은 모든 것이 필연적
인 멸망의 운명을 지니고 있다고 본다. 그리고 이 철학 앞에는
발생과 소멸, 보다 낮은 것으로부터 보다 높은 것으로의 무한한
상승의 부단한 과정 이외에는 아무것도 없다. 이 철학 자체도
사유하는 뇌수에 이 과정이 단순히 반영된 것에 지나지 않는다.
그렇지만 이 철학 역시 보수적인 측면을 지니고 있다. 즉, 이 철

학은 인식의 일정한 발전 단계와 사회관계의 일정한 발전 단계가 그 시대와 조건에 대해서는 존재 이유를 가진다고 인정한다. 그러나 그 이상은 절대 아니다. 이러한 사고방식의 보수성은 상대적이며, 그 혁명적 성격은 절대적이다 — 바로 이것이 변증법적 철학이 인정하는 유일하게 절대적인 것이다.

우리가 여기에서 이러한 사고방식이 오늘날의 자연과학의 입장과 완전히 일치하느냐 않느냐 하는 문제를 고찰하는 데까지 깊이 들어갈 필요는 없다. 자연과학은 지구의 존재 자체에 대해서는 있을 수 있는 종말을, 그리고 여기에 사람이 거주할 수 있는 가능성에 대해서는 보다 확실한 종말을 예언하고 있으며, 따라서 인류 역사에도 상승 국면만 있는 것이 아니라 하강 국면도 있다는 점을 인정하고 있다. 하여간 사회역사의 운동이 하강하기 시작할 전환점에 이르기까지는 아직 상당히 멀었다. 따라서 우리는 헤겔 철학에 대해서 그 당시의 자연과학이 아직 제기하지 않았던 문제를 연구했어야 한다고 요구할 수는 없다.

그러나 여기서 한 가지 지적해야 할 것은 상술한 견해가 헤겔 자신이 그렇게 확실한 태도로 서술하지는 않았다는 점이다. 그 견해는 헤겔의 방법이 불가피하게 도달해야 할 결론이기는 하나, 헤겔 자신은 다음과 같은 간단한 이유로 그 결론을 결코 그렇게 명확하게 내리지는 못했다. 즉, 헤겔은 체계를 세워야 했고, 또 철학 체계는 전통적인 관습에 따라 어떤 절대적 진리로서 완결되어야 했기 때문이다. 따라서 그 영원한 진리란 논리적 또는 역사적 과정 자체 이외의 아무것도 아니라고, 특히 그 『논리학』*Logik*에서 강조해온 헤겔 자신이 이제 와서는 이 논리적 과정에 종지부를 찍지 않으면 안 되겠다고 생각했던 것이다. 왜 냐하면 그것은 자기의 체계를 어느 한 지점에서 종결지어야 했기 때문이다.

그는 『논리학』에서는 이 종결점을 다시 출발점으로 삼을 수 있었다. 왜냐하면 여기서는 이 종결점, 즉 절대이념—그것에 대해서 헤겔이 절대로 아무것도 말할 수 없는 한에 있어서만 이 이념은 절대적이다—은 자신을 "외화시켜", 즉 전화轉化하여 자연이 되며 다음에는 정신으로, 즉 사유와 역사에서 또다시 자기 자신에게로 되돌아오기 때문이다.

그러나 그 철학 전체가 그와 같이 종결점에서 다시 출발점으로 되돌아가자면 하나의 길밖에 없다. 즉, 인류가 바로 이 절대이념의 이러한 인식에 도달한 때를 역사의 종말이라 하고, 절대이념의 이러한 인식이 헤겔 철학에서 이미 달성되었다고 선언하는 것이다. 그러나 이것은 헤겔 체계의 독단적 내용 전체를 절대적 진리라고 선언하는 것이 되어 온갖 독단적인 것을 해체하는 그의 변증법적 방법과 모순됨을 의미하며, 동시에 지나치게 확대된 그의 보수적 측면에 짓눌려서 혁명적 측면이 질식당하고 만다는 것을 의미한다.

이는 비단 철학적 인식의 영역에서뿐만 아니라 역사적 실천에서도 그러하였다. 인류는 이미 헤겔이라는 한 인물을 통해서 절대이념까지 생각해냈으니, 실천적 영역에서도 응당 이 절대이념을 현실화할 수 있는 데까지 도달할 정도가 되지 않으면 안 되었다. 그렇다면 절대이념은 자기의 동시대인들에게 지나치게 높은 실천적·정치적 요구를 제기해서는 안 될 것이다. 바로 그렇기 때문에 『법철학』의 결론에서 보는 바와 같이 프리드리히 빌헬름 3세가 국민에게 그렇게 굳게 약속을 했으나 실시하지 않은 그 입헌군주제에서, 다시 말하면 당시 독일의 소부르주아적 관계들에 적합한 유산계급의 제한되고 온화한 간접적 지배에서 절대이념이 실현되지 않으면 안 되는 것이다. 이러한 사실 때문에 귀족이 필요하다는 사변적 논증까지도 우리는 받고 있다.

이와 같이 그 헤겔 체계의 내면적 요구 하나만 가지고 보더라도 철저히 혁명적인 사유방법이 무엇 때문에 극히 온건한 정치적 결론에 도달하는가를 충분히 알 수 있다. 그런데 우리가 이와 같은 특수한 형식의 결론을 내리게 되는 것은, 헤겔 역시 독일 사람으로서 그와 동시대인인 괴테와 마찬가지로 상당한 속물근성을 가지고 있었다는 점에서 연유한다. 괴테나 헤겔이나 각각 자기들의 영역에서는 그야말로 올림푸스산의 제우스였으나, 두 사람이 다 독일의 속물근성을 완전히 벗어나지는 못하고 있었다.

그러나 이 모든 것은 헤겔의 체계가 종래의 어떠한 체계보다도 비교할 수 없으리만큼 광범한 영역을 포괄하고 있으며, 오늘날에 와서도 세상 사람들을 놀라게 하는 사상적 부瀾를 이 영역에서 발전시키는 것을 방해하지 않았다. 정신현상학(그것은 말하자면 정신 영역에서의 발생학 또는 고생물학이라고 할 수 있는 것으로, 각 개인들의 의식의 상이한 발전 단계를 인류의 의식이 역사적으로 경과해온 단계의 축소된 재현으로서 고찰하고 있다), 논리학, 자연철학, 정신철학, 그리고 이 정신철학은 다시 역사철학, 법철학, 종교철학, 철학사, 미학 등등의 개별적인 역사적 하위형태로 전개된다. 상이한 이러한 역사적 영역의 어디에서나 헤겔은 일관된 발전의 실마리를 찾아내어 증명하려고 노력했다. 그리고 그는 비단 창조적 천재였을 뿐만 아니라 백과사전적인 박식한 사람이기도 했기 때문에, 그는 어디서나 획기적인 성과를 거두었다.

'체계'Systems의 요구가 이 경우에 그로 하여금 매우 종종 무리한 구성에 매달리지 않을 수 없게 한 것이 분명하다. 그리고 이 구성에 대해서는 그의 보잘것없는 논적들이 지금에 이르기까지 굉장히 떠들어대고 있다. 그러나 이러한 구성은 그가 세우는 건축물의 틀과 발판에 지나지 않는다. 만일 이러한 구성에 쓸데없이 정신 팔지 않고 그 웅대한 건물 속으로 깊이 들어가는 사람이라면, 그는 지금까지도 완전한 가치를 보존하고 있는 무수한 보물을 발견할 것이다.

어느 철학자에게 있어서나 '체계' 그 자체는 잠정적인 것이다. 그것은 바로 체계라는 것이 인간 정신의 불멸의 요구, 다시 말해서 일체의 모순을 극복하려는 요구에서 발생하는 것이기 때문이다. 그러나 일체의 모순이 영원히 제거되고 만다면, 우리는 소위 절대적 진리에 도달할 것이고 세계사는 종말에 이르게 될 것이며, 동시에 그것은 이미 알아야 할 것이 없음에도 불구하고 계속 전진해야 하는 것이 된다. 이렇게 되면 해결할 수 없는 새로운 모순이 또 생긴다. 철학에 일체의 모순에 대한 해결을 요구하는 것은 그 전진적 발전 가운데에서 오직 전 인류만이 완수할 수 있는 그러한 일을 한 사람의 철학자더러 해내라고 요구하는 것을 의미한다.

우리가 이것을 이해한 이상—그런데 우리가 이것을 이해하게 된 데에는 누구보다도 헤겔의 덕택이 크다—종래 의미에서의 철학은 종말을 고한다. 우리는 이러한 행로行路를 거쳐서, 그리고 개인들이 개별적으로 도달하지 못할 '절대적 진리'는 내버려두고, 그 대신에 실증과학에 의하여, 또 변증법적 사유에 의한 그 성과의 총괄에 의하여 우리가 도달할 수 있는 상대적 진리를 추구하는 데로 매진한다. 일반적으로 말해 철학은 헤겔에 의하여 완성된다. 왜냐하면 한편으로는 헤겔의 체계는 종래의 철학 발전 전체의 위대한 결산이기 때문이며, 다른 한편으로는 헤겔 자신이 비록 무의식적으로나마 이러한 체계의 미궁에서 세계를 현실적·실증적으로 인식하게 하는 길을 우리에게 가리켜주고 있기 때문이다.

헤겔의 체계가 철학에 물든 독일의 분위기에 얼마나 거대한 영향을 주었겠는가 하는 것은 이해하기 어렵지 않다. 그것은 수십 년 동안이나 계속되어왔고, 헤겔이 죽은 후에도 좀처럼 진정될 줄 모르던 하나의 개선 행진이었다. 진정되기는커녕 도리어 1830년부터 1840년에 이르는 시기에는 '헤겔풍'의 독점적 지배가 절정에 달하여 많든 적든 헤겔의 적대자들까지도 감염시키고 있었다. 바로 이 시기에 헤겔의 견해는 의식적으로든 무의식적으로든 각종 과학에 풍부하게 침투하여, 중류의 '교양 있는 의식'을 자기 사상의 원천으로 삼은 통속적 서적이나 일간 신문까지도 헤겔의 물이 들어 있었다. 그러나 모든 전선에 걸친 이 승리는 다만 내란의 전주곡에 지나지 않았다.

총체적으로 볼 때 헤겔의 학설은 우리가 본 바와 같이 실로 가지각색의 실천적·당파적 견해를 수용할 수 있는 광대한 여지를 남겨 놓았다. 그런데 당시 독일의 이론에 있어서 무엇보다도 실천적 의의를 가지고 있었던 것은 종교와 정치의 두 개 분야였다. 헤겔의 **체계**에 중요한 의의를 부여하는 사람은 이 두 분야에서 다 같이 상당히 보수적이었다. 반대로 변증법적 **방법**을 주요한 것으로 인정하는 사람은 정치에서나 종교에서나 아주 극단적인 반대파에 속했다. 헤겔 자신은 그의 저서에서 번번이 혁명적 분노를 폭발시키고 있기는 하지만, 일반적으로 말해서 확실히 보수적 측면에 더 기울어져 있었다. 헤겔이 그의 방법보다 그의 체계에 대해서 훨씬 더 '힘든 사고활동'을 하게 된 것은 이유없는 일이 아니다. 1830년대 말경에는 헤겔학파 내의 분열

이 더욱 심해졌다. 좌파―소위 청년 헤겔학파―는 경건주의적인 정통파 및 봉건적 반동분자들과의 투쟁에서의 긴박한 문제에 대해 철학자연하면서 구체적 현실의 모순을 소홀히 하는 태도―이런 태도로 인해 그들의 학설은 정부의 묵인과 비호까지 받아왔다―를 점차 버리게 되었다. 그런데 1840년대, 정통파의 위선과 봉건적·절대주의적 반동이 프리드리히 빌헬름 4세와 결탁해 권력을 차지했을 때 그들은 어느 한 당파의 편에 공공연하게 서야 했다. 그들은 여전히 철학적 무기로 싸우고 있었지만 추상적인 철학적 목적을 추구하지는 않았다. 문제는 직접 전통적 종교와 현존 국가를 폐기하는 데 있었다. 『독일 연보』[9]에서는 실천상의 종국적 목적들이 아직도 주로 철학이라는 가면을 쓰고 나타났지만, 1842년의 『라인 신문』[10]에서 청년 헤겔주의

9   『독일 연보』*Deutsche Jahrbücher*는 청년 헤겔학파의 문예·철학 잡지인 『과학 예술 독일 연보』*Deutsche Jahrbücher für Wissenschaft und kunst*의 약칭이다. 이 잡지는 일간 유인물 형식으로 라이프치히에서 1841년 7월부터 1843년 1월까지 발간되었다. 그전(1838~1841)에는 『독일 과학 예술 할레 연보』*Hallische Jahrbücher für deutsche Wissenschaft und Kunst*라는 제목으로 발간되었었다. 1841년까지 루게A.Ruge와 에히터마이어T.Echtermeyer가 할레에서 이 잡지를 편집했으며 1841년 7월부터는 루게가 드레스덴에서 편집했다. 프로이센 경계 내에서는 잡지가 금지당할 위험이 있었기 때문에 잡지 편집국의 소재지를 프로이센의 도시 할레에서 작센으로 옮겼으며 잡지의 제목도 바꾸었다. 그러나 잡지는 새 제목 밑에서도 오래 존속하지 못하였다. 1843년 1월에 잡지 『독일 연보』는 작센 정부에 의하여 폐간되었으며, 연방 의회의 결정으로 전 독일에서 금지되었다.

10 『정치, 상업 및 산업을 위한 라인 신문』*Rheinische Zeitung für Politik, Handel und Geberbe*은 1842년 1월 1일부터 1843년 3월 31일까지 쾰른에서 발간된 일간지이다. 이 신문은 프로이센 왕정의 절대주의에 대항하기 위하여 라인 지방의

는 직접 급진적인 신흥 부르주아지의 철학으로 등장했고, 그것의 철학적 가면은 검열관의 눈을 피하기 위해서 이용되었을 뿐이다.

그러나 당시로서는 정치 분야를 다루는 것은 극히 위험했기 때문에 주요한 투쟁은 종교로 향했다. 그런데 이 시기, 특히 1840년부터는 종교에 반대하는 투쟁이 간접적으로는 정치 투쟁이기도 했다. 최초의 충격을 준 것은 1835년에 발간된 슈트라우스Strauß의 『예수의 생애』*Leben Jesu*였다. 그 후 브루노 바우어 Bruno Bauer는 이 저서에 서술된 복음서 신화의 발생론을 반대하여 복음서의 많은 이야기가 모두 다 복음서 저자들에 의하여 꾸며진 것임을 증명했다. 슈트라우스와 바우어 사이의 논쟁은 '자기의식'과 '실체' 간의 투쟁이라는 철학적 가면을 쓰고 진행되었다. 복음서의 신기한 이야기들이 공동체 내부에서의 무의식적인 전통에 기초한 신화 창조에 의하여 발생한 것인가, 그렇지

부르주아지 대표들이 창간했다. 같이 일하던 사람들 중에는 몇 명의 청년 헤겔학파도 참가하고 있었다. 1842년 4월부터 카를 마르크스가 『라인 신문』에서 일을 하게 되었고, 같은 해 10월부터는 그가 이 신문의 편집장을 맡았다. 이 신문에서는 또한 프리드리히 엥겔스의 논설도 싣고 있었다. 마르크스가 편집장을 맡으면서 이 신문은 계속해서 민주주의적이고 혁명적인 성격을 띠게 되었다. 『라인 신문』의 혁명적 입장으로 인해서 신문은 독일에서 계속 인기를 얻게 되었고, 정부 측에서는 불만과 우려를 감추지 못하고 마침내 이 신문의 편집 출판에 대항하는 반동적인 신문을 발간하여 광포한 사주를 일삼았다. 1843년 1월 19일 프로이센 정부는 『라인 신문』을 1843년 4월 1일자로 폐간하는 법을 정하고, 그때까지는 특별히 철저하게 검열하였다.

않으면 복음서 저자들이 꾸며낸 것인가 하는 문제는 세계사의 원동력은 무엇인가, 즉 '실체'인가 그렇지 않으면 '자기의식'인가 하는 문제로까지 확대되었다. 나아가 현대 무정부주의의 선구자인 슈티르너Stirner — 바쿠닌Bakunin은 그에게서 대단히 많은 것을 채용했다 — 가 나타나 자기의 지상至上의 '유일자'[11]를 지상의 '자기의식' 위에 올려놓았다.

우리는 헤겔학파 붕괴 과정의 이러한 측면을 이 이상 더 상세하게 다루려 하지 않는다. 우리에게 더 중요한 것은 기성 종교에 대한 투쟁의 실천적 요구로 인해서 아주 과감한 수많은 청년 헤겔학파 학자들이 영국과 프랑스의 유물론으로 경도되었다는 사실이다. 그리고 여기에서 그들은 자기 학파의 체계와 충돌하게 되었다. 유물론은 자연을 유일하게 현실적인 것으로 파악하지만 헤겔의 체계에서 자연은 절대이념의 '외화', 말하자면 이념의 퇴화에 불과했다. 여하튼 사유와 이 사유의 산물인 이념이 이 체계에서는 1차적인 것이며, 자연은 이념이 거기에까지 하강함으로써만 존재하는 파생적인 것이다. 바로 이러한 그들 체계의 모순 속에서 그들은 갈팡질팡하고 있었다.

그러한 때에 포이어바흐의 저서 『기독교의 본질』*Wesen des Christentums*[12]이 나왔다. 이 저서는 단도직입적으로 다시금 유물

11   엥겔스는 1845년에 발행된 막스 슈티르너(본명 카스파르 슈미트)의 저서 『유일자와 그 소유』를 두고 말하고 있다. — 옮긴이
12   『기독교의 본질』은 1841년 라이프치히에서 발행되었다. — 옮긴이

론의 승리를 선포함으로써 그 모순을 일격에 해소해버렸다. 자연은 어떠한 철학으로부터도 독립하여 존재한다. 자연은 다름 아닌 자연의 산물인 우리 인간이 성장하는 기초이다. 자연과 인간 이외에는 아무것도 없다. 그리고 우리의 종교적 환상이 조작한 최고의 존재라는 것은 우리 자신의 본질의 환상적 반영에 지나지 않는다. 주문呪文은 파괴되었다. '체계'는 붕괴되어 포기되고, 모순은 다만 상상 속에서만 있다는 것을 간단하게 밝혀냄으로써 해결되었다. 이 저서의 해방적 작용은 그것을 체험한 사람이 아니고서는 상상할 수 없을 것이다. 누구나 다 흥분에 휩싸여 있었다. 우리는 모두 순식간에 포이어바흐주의자가 되었다. 마르크스가 얼마나 열렬하게 이 새로운 견해를 환영했으며, 또 그가 이 새로운 견해에서 얼마나 많은 영향을 받았는가 — 일체의 비판적 보류에도 불구하고 — 하는 것은 『신성 가족』*Heiligen Familie*[13]을 읽어도 알 수 있다.

심지어 포이어바흐의 이 저서가 내포하고 있던 결점조차 당시에는 그 영향력을 강화하였다. 문학적이며 군데군데 과장까지 섞인 문체는 이 저서로 하여금 광범한 독자층을 획득하게 하였다. 어쨌든 오랫동안 추상적이고 난해한 헤겔풍이 지배하던 후인지라 그 문체는 참신한 맛을 주었다. 사랑에 대한 지나친 찬양에 관해서도 그렇게 말해야 할 것이다. 비록 그것을 인

---

13   Karl Marx/Friedrich Engels, *Werke*, Bd. 2, S. 2~223을 보라.

정할 수는 없었다 할지라도 도저히 참을 수 없게 된 '순수 사유'의 특권에 대한 반발로서는 용인할 수 있었다. 그러나 우리가 잊지 말아야 할 것은 1844년 이래 교양 있는 독일인들에게 마치 유행병처럼 퍼져나간 '진정한 사회주의'[14]가 바로 포이어바흐의 이 두 가지 약점과 연관되어 있었다는 사실이다. 이 '진정한 사회주의'는 과학적 인식을 미사여구로 바꾸어놓고 생산의 경제적 개조에 의한 프롤레타리아트의 해방 대신에 '사랑'에 의한 인류의 구제를 제창했다. 한마디로 말하면 메스꺼운 미문과 사랑의 요설 속에 매몰되어버렸다. 이러한 유파의 전형적인 대표자가 카를 그륀Karl Grün 씨였다.

한 가지 더 잊어서는 안 될 것은, 헤겔학파는 해체되었지만 헤겔 철학은 아직 비판적으로 극복되지 못했다는 점이다. 슈트라우스나 바우어는 각각 헤겔 철학의 한 측면을 끄집어내어 그것만을 논쟁의 무기로 삼고 서로 갑론을박하였다. 포이어바흐

14 '진정한 혹은 독일 사회주의'Der Wahre oder deutsche Sozialismus는 1844년부터 독일에서 선전되었는데, 그것은 독일 소부르주아지의 반동적 이데올로기를 대표하고 있었다. 이 '진정한 사회주의'는 민주화를 위한 투쟁이나 정치적 행동을 반대했다. 그들은 사회주의 정신을 하나의 감상적인 형제애나 사랑의 설교로 이끌려고 시도했다. 이러한 왜곡된 사회주의 정신에 대한 비판을 마르크스와 엥겔스는 그들의 저서 『독일 이데올로기』Die deutsche Ideologie, 『반전통문』Zirkular gegen Kriege, 『시와 산문에서의 독일 사회주의』Deutscher Sozialismus in Versen und Prosa, 『진정한 사회주의자들』Die Wahren Sozialisten, 그리고 『공산당 선언』Manifest der Kommunistischen Partei 등에서 분명히 다루고 있다(Marx/Engels, Werke, Bd. 3, S. 439~530, sowie Bd. 4, S. 3~17, 207~290 und 485~488).

47

는 체계를 분쇄해놓고서는 그것을 그대로 내버리고 말았다. 그러나 어떤 철학을 잘못된 것이라고 선언하는 것만으로는 문제가 해결되지 않는다. 더구나 민족의 정신적 발전에 거대한 영향을 준 헤겔 철학과 같은 그러한 위대한 창조물을 그저 간단히 무시함으로써 그 철학을 제거할 수는 없다. 헤겔 철학은 그 자신이 말하는 바와 같은 의미에서 '지양'aufgehoben 되지 않으면 안 되었다. 다시 말해서 이 철학의 형식은 비판적으로 폐기되어야 했지만, 이 형식을 통하여 획득한 새로운 내용은 살려내지 않으면 안 되었다. 이 과제가 어떻게 해결되었는가는 추후에 살펴보기로 하자.

그러는 동안에 1848년 혁명은 포이어바흐가 헤겔을 밀어 젖힌 것처럼 모든 철학을 거리낌없이 밀어젖히고 말았으며, 그러자 동시에 포이어바흐 자신도 뒷전으로 밀려나고 말았다.

Ⅱ

철학 전체, 특히 근대 철학에서 중요한 기본문제는 존재와 사유의 관계에 대한 문제이다. 아득히 먼 옛날에는 사람들이 아직 자신의 육체적 구조에 대해서 아무런 개념도 가지고 있지 못했고, 또 꿈도 설명할 줄 몰랐다.[15] 그리하여 그들의 사유와 감각은 그들의 육체의 활동이 아니라 그들의 육체에 깃들어 있다가 죽음과 함께 육체를 떠나가는 어떤 특수한 영혼의 활동으로 생각하였다. 그때부터 사람들은 이 영혼과 외계와의 관계에 대해서 머리를 쓰지 않으면 안 되었다. 만약 죽는 순간에 영혼이 육체를 떠나서도 계속해서 살아 있다면 영혼의 죽음을 또 따로 생각해낼 이유는 조금도 없었다. 이리하여 영혼불멸의 관념이 발생했다.

그 당시의 발전 단계에서는 영혼불멸이라는 관념은 일종의 위안이 아니라 피치 못할 운명으로 생각되었으며, 예컨대 그리스인들의 경우에는 흔히 진짜 불행으로 생각되었다. 도처에서 개별 영혼의 불멸이라는 지루한 상상을 하게 된 것도 종교적 위안의 필요에서가 아니라, 영혼의 존재는 인정하면서도 일반적 제한성으로 인하여 죽은 후에 그 영혼이 어디로 가버리는

---

15 지금도 여전히 야만인이나 낮은 단계의 미개인들 사이에서는 꿈에 나타나는 사람의 형상은 일시적으로 육체를 떠난 영혼이라는 관념이 널리 퍼져 있다. 그리하여 현실의 사람은 꿈을 꾼 사람의 꿈속에 나타나서 취한 행동에 대하여 책임을 진다. 예컨대 투른Thurn은 1884년에 기아나Guyana의 인디언에게서 이러한 것을 보았다. — 엥겔스

지 도저히 설명할 수 없었다는 단순한 사정에 기인한다. 이와 꼭 같은 방식으로 자연의 힘을 인격화한 결과로서 최초의 신神들이 생겨났다. 이 신들은 종교가 가일층 발전하는 과정에서 더욱더 초세계적인 면모를 갖추게 되었고, 마침내 사고력이 발전하는 과정에서 자연스럽게 나타나는 추상 과정 — 나는 증류 과정이라고 말하고 싶다 — 을 통하여 사람들의 두뇌에는, 어느 정도 제한받고 서로 제한하는 많은 신들로부터 일신론적 종교들의 유일신에 관한 관념이 생겨났다.

이와 같이 철학 전체의 최고 문제인 존재에 대한 사유의 관계, 자연에 대한 정신의 관계 문제는 온갖 종교와 마찬가지로 야만시대 인간의 제한되고 무지한 사고에 그 근원이 있다. 그러나 이 문제가 비로소 충분히 두드러지게 제기되고 그 완전한 의의를 가질 수 있게 된 것은 유럽 사람들이 기독교적 중세의 기나긴 동면에서 깨어날 때부터였다. 존재에 대한 사유의 관계, 다시 말해서 무엇이 1차적인가, 정신인가 그렇지 않으면 자연인가 하는 문제 — 중세의 스콜라 철학에서도 역시 큰 역할을 담당했던 이 문제는 교회의 의사와는 반대로 세계는 신이 창조한 것인가 그렇지 않으면 본래부터 존재하는 것인가 하는 보다 첨예한 형태를 취하게 되었다.

철학자들은 이 문제에 대해서 어떻게 대답하는가에 따라서 양대 진영으로 나뉘었다. 정신이 자연보다 먼저 존재하였다고 주장한 사람들, 따라서 결국 어떤 종류이든지 우주의 창조를 승인한 사람들—그런데 이 우주의 창조는 철학자들, 예컨대 헤 겔의 경우에는 기독교에서보다도 더 혼란되고 황당무계한 형 태를 취하고 있다—은 관념론의 진영을 형성하였다. 이와는 반 대로 자연을 근원적인 것으로 본 사람들은 유물론의 각종 학파 에 속하였다.

관념론이니 유물론이니 하는 표현은 원래 위에서 말한 이 외의 것을 의미하지 않았다. 그리고 그것은 여기에서도 그러한 의미에서만 사용된다. 그것에다 다른 어떤 의의를 부여하는 경 우에 어떠한 혼란이 생기는가 하는 점을 우리는 뒤에서 살펴보 게 될 것이다.

그러나 존재에 대한 사유의 관계는 또 하나의 다른 측면도 가지고 있다. 즉, 우리를 둘러싸고 있는 세계에 관한 우리의 사 상은 이 세계 자체와 어떠한 관계에 있는가? 우리의 사유는 현 실 세계를 인식할 수 있는가? 우리는 현실에 관한 우리의 표상 과 개념 속에 현실을 정확히 반영할 수 있는가? 철학에서는 이 문제를 사유와 존재의 동일성에 관한 문제라고 한다. 절대 다 수의 철학자들은 이 문제에 대하여 긍정적으로 대답할 것이다. 예컨대 헤겔의 경우에 이 문제에 대하여 긍정적으로 대답하리 라는 것은 아주 자명하다. 왜냐하면 현실 세계에서 우리가 인 식하는 것은 바로 그 세계의 사상적 내용이며, 세계를 절대이 념—세계로부터 독립하여 세계 이전에 본래부터 어디엔가에 존재하고 있던—의 점차적인 실현이 되게 하는 바로 그것이기 때문이다. 그런데 사유가 애당초 사상의 내용을 형성하고 있다고 전제하였으므로 그 내용을 인식할 수 있다는 것은 자명한 일이다. 논증되어야 할 명제가 여기에서는 이미 그 전제 자체에 암암리에 포함되어 있으므로 그것은 자명한 것이다.

그러나 이것은 헤겔이 사유와 존재의 동일성에 관한 그의 논증으로부터 한 걸음 더 나아가서 다음과 같은 결론을 내리는 것을 막지 못하였다. 다시 말해서 그의 사유가 그의 철학을 정당한 것으로 인정하기 때문에 그의 철학이야말로 유일하게 정당한 철학이며, 또 사유와 존재는 동일하기 때문에 인류는 이 철학을 이론으로부터 실천으로 옮겨 전 세계를 헤겔의 근본원리에 따라 개조함으로써 이를 입증하지 않으면 안 된다는 것이다. 이러한 환상은 헤겔은 물론이고 거의 모든 철학자들에게서 볼 수 있다.

그러나 이 밖에 또 세계의 인식 가능성, 또는 적어도 그 완전한 인식의 가능성을 부인하는 일련의 다른 철학자들이 있다. 근대 철학자들 중에는 흄Hume과 칸트Kant가 그러한데, 그들은 철학이 발전하는 데 매우 중요한 역할을 담당하였다. 이 견해에 대한 결정적인 논박은, 관념론적 견지에서 가능한 범위까지는 이미 헤겔에 의하여 수행되었다. 이에 대하여 포이어바흐가 덧붙인 유물론적 의견은 심오하다기보다는 재치 있는 것이었다. 그런데 이러한 철학적 망상에 가장 결정적인 논박을 가한 것은 다른 모든 철학적 망상의 경우와 마찬가지로 실천, 즉 실험과

산업이었다.

　만일 우리 자신이 어떤 자연현상을 만들어내고 그것들을 그 조건으로부터 발생시키며, 더욱이 그것을 우리의 목적에 이용함으로써 어떤 자연현상에 대한 우리의 이해가 정확하다는 것을 증명할 수 있다면, 칸트가 말하는 인식할 수 없는 '물 자체'Ding an sich 는 종말을 고하게 될 것이다. 동 · 식물의 체내에서 형성되는 각종 화학적 물질도 유기화학에 의하여 차례차례 제조되기 전까지는 의연히 그러한 '물 자체'로 남아 있었다. 유기화학이 화학 물질을 제조함으로써 '물 자체'는 우리를 위한 사물이 되었다. 예를 들어서 꼭두서니의 색소인 알리자린Alizarin 이 그러하다. 지금은 알리자린을 전원에서 재배하는 꼭두서니의 뿌리에서 얻지 않고 훨씬 값싸게 또 손쉽게 콜타르에서 얻고 있다. 코페르니쿠스의 태양계는 아주 믿을 만한 것이기는 하였으나, 300여 년 동안이나 가설로 남아 있었다. 그러나 르베리에Leverrier가 이 태양계의 자료에 기초하여 그때까지 알려지지 않았던 또 하나의 행성이 반드시 존재하리라는 것을 증명했을 뿐만 아니라 계산을 통하여 천체 위치까지 확정했고, 그 후 갈레Galle가 실지로 그 행성[16]을 발견했을 때 비로소 코페르니쿠스의 태양계는 증명되었다.

　그런데 독일에서는 신칸트주의자들이 칸트의 견해를, 영

16　독일 천문학자 요한 고트프리트 갈레Johann Gottfried Galle가 1846년에 르베리에가 계산했던 궤도에서 발견한 해왕성Planeten Neptun을 말한다.

국에서는 불가지론자들이 흄의 견해(거기에서는 흄의 견해가 결코 사멸한 적이 없었다)를 부활시키려고 ― 그 견해들이 이론적으로도 실천적으로도 논박당한 지 이미 오래되었는데도 ― 애쓰고 있는데, 이는 과학적으로는 퇴보를 의미하고 실천적으로는 유물론을 뒷전으로 받아들이면서도 겉으로 거부하는 소심한 태도에 지나지 않는다.

그러나 데카르트Descartes로부터 헤겔에 이르는, 그리고 홉스Hobbes로부터 포이어바흐에 이르는 이 오랜 기간에 걸쳐 철학자들을 움직여온 것은 그들의 생각처럼 한갓 순수 사유의 힘만은 결코 아니었다. 그와는 반대였다. 실제로 그들을 앞으로 추동한 것은 주로 위력 있고 더욱더 급속하고 급격한 자연과학과 산업의 발전이었다. 유물론자에게는 이미 이 점이 직접 눈에 띄었다. 관념론적 체계도 정신과 물질의 대립을 범신론적으로 조화시키려고 하면서 더욱더 유물론적 내용으로 충만되었다. 그러다가 마침내 헤겔에 와서는 그 체계가 그 방법에서나 내용에서나 관념론적으로 거꾸로 선 유물론에 불과한 것이 되는 데까지 이르렀다.

지금까지의 이야기에 비추어볼 때, 어째서 슈타르케Starcke가 포이어바흐의 특징을 서술하면서 우선 존재에 대한 사유의 관계라는 기본문제에 대하여 포이어바흐의 입장을 연구하고 있는지를 알 수 있다. 그는 서론에서 간단히 이전의 철학자들, 특히 칸트 이후의 철학자들에 대해서는 그들의 견해를 필요 이

56

상으로 어려운 철학적 용어로 서술하고 있으며, 또 헤겔에 대해서는 그의 저작 속에 나타나는 몇 개의 구절에 지나치게 형식주의적으로 집착함으로써 헤겔을 응당하게 평가하지 못하고 있다. 슈타르케는 이러한 간단한 서론에 뒤이어 포이어바흐의 '형이상학' 그 자체의 발전 과정을 철학자의 관계 저작들의 순서를 따라 상세하게 서술한다. 이 서술은 많은 노력을 들여 명료하게 되어 있다. 다만 슈타르케의 저서 전체가 그러한 것처럼 이 서술에서도 꼭 써야 할 것도 아닌 불필요한 철학적 표현인 군더더기들이 가득 들어 차 있다. 이 군더더기가 더욱 거추장스럽게 생각되는 것은 저자가 어떤 한 학파나 또는 적어도 포이어바흐나 자신이 사용하는 표현만을 쓴 것이 아니라 각종 유파, 주로는 오늘날 전염병처럼 만연된 자칭 철학자들이 사용하는 표현을 혼용하고 있기 때문이다.

포이어바흐의 발전 과정은 헤겔학파의 한 사람이 — 물론 그가 완전히 정통 헤겔학파였던 적은 결코 없었지만 — 유물론에 이르는 발전 과정이다. 이러한 발전의 일정한 단계에서 포이어바흐는 자기 선배의 관념론적 체계와 완전히 인연을 끊지 않을 수 없었다. 드디어 포이어바흐는 불가항력적으로 다음과 같은 의식에 도달했다. 다시 말해서 헤겔의 '절대이념'이 천지개벽 이전에 존재하였다든가, 우주 생성 이전부터 '논리적 범주가 미리 존재했다'Präexistenz 라는 것 등은 피안의 조물주에 대한 신앙의 환상적 유물에 지나지 않는다. 또 우리 자신이 속해 있는 감각적으로 지각되는 물질적인 세계만이 유일한 현실적 세계이며, 우리의 의식과 사유는 아무리 초감각적인 것으로 보일지라도 물질적·육체적 기관인 뇌수의 산물이다. 물질은 정신의 산물이 아니며, 정신이 물질의 최고 산물에 불과하다. 이는 두말할 것도 없이 순수한 유물론이다. 그러나 여기까지 이르러 포이어바흐는 돌연히 발걸음을 멈춘다. 그는 보통의 철학적 편견, 다시 말해서 '유물론'의 본질 자체를 반대하는 것이 아니라, '유물론'이라는 명칭을 꺼리는 선입견을 떨쳐버리지 못한다. 그는 다음과 같이 말한다.

> 유물론은 나에게는 인간의 본질과 인간의 지식이라는 건축물의 기초이다. 그러나 내가 주장하는 유물론은 생리학자나 좁은 의미의 자연과학자, 예를 들면 몰레쇼트Moleschott가 주장하는 그러한 유물론은 아니며, 그들의 견해나 그들의 전문직업에 따라 그들이 주장하지 않을 수 없는 그러한 유물론이 아니다. 즉, 내가 주장하는 유물론은 건축물 자체는 아니다. 뒤를 향해서는 나는 유물론자들과 완전히 일치하나, 앞을 향해서는 그들과 일치하지 않는다.[17]

17 Feuerbach, *Nachgelassene Aphorismen*. 포이어바흐가 남긴 편지들과 유고, 또 그의 철학 발전의 특성을 카를 그륀이 정리했다(*Ludwig Feuerbach*, Bd. 2, Leipzig und Heidelberg, 1874, S. 308). 슈타르케는 이 글을 자기가 쓴 『루트비히 포이어바흐』라는 책에서 인용하고 있다.

포이어바흐는 여기에서 물질과 정신의 관계에 대한 일정한 이해에 기초한 일반적인 세계관으로서의 유물론과 18세기라는 일정한 역사적 단계에서의 이 세계관의 특수한 표현 형태를 혼동하고 있다. 그뿐만 아니라 그는 일반적인 세계관으로서의 유물론과, 그것의 천박하고 비속화된 형태를 혼동하고 있다. 18세기의 유물론은 오늘날 이러한 천박하고 비속화된 형태로 자연과학자나 의사의 두뇌 가운데 존속하고 있으며, 1750년대에는 행상식 설교자 뷔히너Büchner, 포크트Vogt 및 몰레쇼트가 바로 이러한 형태로 유물론을 유포했다. 그러나 유물론도 관념론과 마찬가지로 일련의 발전 단계를 거쳐왔다. 심지어 자연과학 분야에서 획기적인 발전이 있을 때마다 유물론도 그 형태를 불가피하게 변경하지 않을 수 없었다. 그리고 역사도 유물론적으로 설명하게 된 이후부터는 이 영역에서도 유물론의 발전에 새로운 길이 열렸다.

지난 세기(18세기 ― 옮긴이)의 유물론은 주로 기계적 유물론이었다. 왜냐하면 당시의 모든 자연과학 가운데에서 다만 역학만이, 그것도 다만 고체 ― 지상의 물체와 천체 ― 역학만이, 간단히 말하면 중력 역학만이 어느 정도 완성되고 있었기 때문이다. 화학은 아직 연소설에 기초한 유치한 상태에 있었다. 생물학은 아직 기저귀에 싸여 있었다. 다시 말해서 동·식물 유기체에 관한 연구는 대단히 조잡한 것이어서 순전히 기계적 원인들에 의하여 설명되고 있었다. 데카르트의 눈에 동물이 하나의 기계였던 것과 같이 18세기 유물론자들의 눈에는 인간이 하나의 기계였다. 이렇게 역학의 척도만을 화학적 · 유기적 성질의 과정들에 적용한 것, —이 영역에서도 역학적 법칙은 계속 작용하기는 하지만 그 법칙은 다른 보다 높은 법칙에 의해서 부차적인 지위로 밀려난다—이것이 프랑스 고전 유물론의 첫 번째의 독특한, 하지만 당시로서는 불가피한 한계였다.

이 유물론의 특유한 두 번째 한계는 세계를 하나의 과정으로서, 끊임없는 역사적 발전에 처해 있는 물질로서 이해할 능력이 없었다는 데 있다. 이는 당시 자연과학의 수준과, 그와 관련되어 있던 형이상학적인, 즉 반反변증법적인 철학적 사유 방법에 상응하였다. 자연이 영원한 운동 가운데 있다는 것은 당시에도 알려져 있었다. 그러나 당시 사람들의 견해에 의하면 이 운동은 영원히 동일한 원 안에서 순환하는 것이었으며, 따라서 실제로는 한 자리에 머물러 있는 것이었다. 다시 말해서 이 운동은 항상 동일한 결과에 도달한다고 여겨졌다. 이와 같은 견해는 당시로서는 불가피했다. 태양계 발생에 관한 칸트의 이론은 성립된 지 얼마 안 되었으므로 아직도 하나의 진기한 학설에 지나지 않았다. 지구의 발전사인 지질학은 여전히 전혀 알려져 있지 않았다. 생물들이 단순한 것에서 복잡한 것으로 오랜 발전 과정을 거쳐 발생하였다는 오늘날의 사상은 도대체 당시로서는 아직 과학으로 확립될 수 없었다. 따라서 비역사적인 자연관이 불가피했다.

이 결함은 헤겔조차 면할 수 없었으므로, 18세기의 철학자들이 이 결함을 가지고 있었다고 하여 그들을 비난할 수는 더욱 없다. 헤겔에게 자연은 이념의 단순한 '외화'로서 시간적으로 발전할 능력은 없고 다만 공간적으로 그 다양성을 전개할 수 있을 뿐이었다. 이리하여 동일한 과정을 영원히 반복할 운명을 지닌 자연은 자체 내에 포함되어 있는 모든 발전 단계를 동시적으로 또 병렬해서 전개한다. 한편 이 시기에 지질학, 발생학, 동·식물 생리학, 유기화학 등이 이미 충분히 연구되고 이 새로운 과학들에 기초하여 후일의 진화론을 암시하는 천재적인 추측(예를 들면 괴테와 라마르크)이 이미 도처에서 나타나고 있었다. 바로 이러한 때에 헤겔은 발전이 공간에서는 진행되나 온갖 발전의 기본 조건인 시간 속에서는 진행되지 않는다고 하는 허망한 주장을 자연에 강요했던 것이다. 그러나 이는 체계가 그렇게 요구한 것이며, 방법은 체계를 위하여 자기 자신을 배반할 수밖에 없었다.

이와 마찬가지로 역사 영역에서도 사물에 대한 역사적 견해가 결여되어 있었다. 여기에서는 중세 유물과의 투쟁이 시야를 가리고 있었다. 중세는 천 년에 걸친 전반적 야만상태에 의하여 역사 과정이 중단된 것에 불과하다고 간주되었다. 중세에 달성된 거대한 성과들, 즉 유럽문화 영역의 확대, 상호 인접한 지역에 형성된 생활 능력이 있는 민족들, 14~15세기의 거대한 기술상의 성과들에 대해서는 아무도 주의를 돌리지 않았다. 이

때문에 거대한 역사적 맥락에 대한 합리적인 통찰은 있을 수 없었고, 역사는 기껏해야 철학자가 이용할 수 있도록 준비된 실례와 설명의 묶음에 지나지 않았다.

1850년대에 독일에서 유물론의 행상 역할을 담당해 나섰던 저급한 학자들은 자기 스승들 학설의 이러한 한계를 조금도 넘어서지 못했다. 그 후 그들은 자연과학에서 이룩한 새로운 성과를 우주 창조자의 존재에 반대하는 새로운 논거로 삼았을 뿐이었다. 그들은 이론을 가일층 발전시키려고는 생각조차 하지 않았다. 이 시기에 관념론은 막다른 시기에 이르렀으며, 1848년 혁명에 의하여 치명상을 입었지만 그래도 당시 유물론이 일시 더욱 저급해진 것을 보고 만족해했다. 포이어바흐가 이러한 유물론에 대한 온갖 책임을 지지 않으려 한 것은 아주 옳았으나, 행상식 설교자들의 교리를 유물론 일반과 혼동한 것만은 잘못이었다.

그러나 여기에서 두 가지 사정을 고려해야 한다. 첫째, 포이어바흐의 생존시에도 자연과학은 맹렬한 발효 과정에 있기는 하였으나, 그 과정은 최근 15년간 비로소 어느 정도 명확한 결실을 보게 되었다. 전례없이 방대한 새로운 인식 자료들이 제공되었으나 미처 어찌할 사이 없이 마구 쌓인 발견의 무더기에 연관을 설정하여 질서를 세우는 것은 최근에 와서야 비로소 가능해졌다. 물론 포이어바흐는 세 가지의 중대한 발견 ― 세포의 발견, 에너지의 전환에 관한 학설과 다윈의 이름으로 불리는 진화론—을 목격한 사람이었다. 그러나 농촌에 은거하고 있던 철학자가 자연과학자들 자신도 아직 일부는 논쟁을 하고 있었고 일부는 적절하게 이용할 줄 모르고 있던 그러한 발견을 완전히 평가할 수 있으리만치 충분히 과학을 연구할 수 있었겠는가? 이 경우에 죄는 오로지 당시 독일의 열악한 상태에 있었다. 이러한 상태로 말미암아 철학 강단은 유독 박식한 체하는 절충주의적 현학자들이 점령하였고, 반면에 이 모든 현학자들 위에 한없이 우뚝 솟아 있던 포이어바흐는 궁벽한 시골에 틀어박혀 농민과 같이 그날그날을 보낼 수밖에 없었다. 따라서 프랑스 유물론의 모든 일면성을 제거하는 역사적 자연관이 오늘에 와서야 가능하게 되었음에도, 당시 포이어바흐가 그것을 이해하지 못했다고 해서 그를 책망할 수는 없는 것이다.

그러나 둘째로 포이어바흐가 단순한 자연과학적 유물론은 다만, "인간의 지식이라는 건축물의 기초"를 이룰 뿐이고 아직 "건축물 자체는 아니다"라고 말한 것은 어디까지나 옳았다. 왜냐하면 우리는 다만 자연 속에서만 살고 있는 것이 아니라 인간 사회 속에서도 살고 있는데, 인간 사회는 자연에 못지않게 자기의 발전사와 자기의 과학을 가지고 있기 때문이다. 따라서 사회에 관한 과학, 다시 말해서 소위 역사적·철학적 과학들의 총체를 유물론적 기초와 일치시키며 이 기초에 알맞게 그 총체를 재건하는 일이 중요했다. 그러나 포이어바흐는 이 과업을 수행할 수 없었다. 그는 유물론적 기초 위에 서 있기는 했으나, 이 문제에서는 아직 낡은 관념론의 굴레를 벗어나지 못하고 있었다. 이는 그 자신이 다음과 같이 말함으로써 인정한 바이다.

> 뒤를 향해서는 나는 유물론자들과 완전히 일치하나, 앞을 향해서는 그들과 일치하지 않는다.

그런데 이렇게 말하는 포이어바흐 그 자신으로 말한다면, 그는 다름 아닌 사회 문제 영역에서 "앞을 향해서" 나가지 못했으며, 1840년 또는 1844년의 자기 견해를 벗어나지 못했다. 그리고 이는 주로 그의 은거생활에서 기인한다. 그는 원래 다른 어느 철학자들보다도 훨씬 풍부한 사교성을 지닌 사람이었으나, 이 은거생활로 인하여 자기와 대등한 다른 학자들과의 우의적인 혹은 적대적인 논쟁 가운데서 자기의 사상을 확립한 것이 아니라 완전히 고적한 생활 속에서 자기의 사상을 확립할 수밖에 없었다. 그가 사회의 영역에서 어느 정도로 여전히 관념론자로 남아 있었는가 하는 점은 이후에 상세히 고찰할 것이다.

여기서는 다만 슈타르케가 포이어바흐의 관념론을 부당한 곳에서 찾고 있다는 점만을 지적해두겠다.

> 포이어바흐는 관념론자이다. 그는 인류의 진보를 믿고 있다.(슈타르케의 저서 19쪽)

64

전체의 기초, 토대는 관념론이다. 실재론은 우리가 관념적인 지향을 추구할 때, 우리가 미로에서 방황하는 것을 방지해줄 따름이다. 과연 진리와 정의에 대한 동경과 사랑 그리고 열망은 관념의 힘이 아니고 무엇이겠는가?(슈타르케의 저서 8쪽)

첫째로 여기에서 관념론이란 이상적 목적에 대한 지향 이외의 아무것도 아니다. 그러나 이러한 목적은 다만 칸트의 관념론이나 그의 '정언명령'kategorischen Imperativ과만 필연적으로 연결되어 있다. 그런데 칸트조차 자기의 철학을 '선험적 관념론'이라고 부른 것이 그의 철학이 도덕적 이상을 문제삼았기 때문이 아니라 전혀 다른 이유에서였다는 점은 물론 슈타르케도 잘 알고 있는 바이다. 도덕적 이상, 즉 사회적 이상에 대한 신앙이 철학적 관념론의 본질이라고 하는 편견은 철학 밖에서, 다시 말해서 실러Schiller의 시편들에서 자기들에게 필요한 철학적 지식의 단편을 추려낸 독일의 속물들에게서 발생한 것이다. 헤겔은 칸트의 무력한 '정언명령' — 이것은 불가능한 것을 요구하며 따라서 결코 현실적인 것에 도달하지 못하기 때문에 무력하다 — 을 어느 누구보다도 준열하게 비판했다. 헤겔은 실러가 중개한 실현 불가능한 이상을 공상하는 속물근성을 다른 누구보다도 냉혹하게 조소했다(예를 들어 『정신현상학』을 보라). 그럼에도 헤겔은 가장 철저한 관념론자였다.

65

둘째로 인간을 활동하도록 자극하는 것은 모두 인간의 두뇌를 통해야만 한다는 점은 아무리 해도 부정할 수 없다. 다시 말해서 사람이 먹고 마시는 것까지도 두뇌에 반영된 허기와 갈증으로 인해 시작되며, 그의 두뇌에 포만감이 느껴져야만 먹고 마시기를 그친다. 인간에 대한 외계의 영향은 인간의 두뇌에 새겨지며 감정, 사유, 충동, 의사 표시 등으로, 한마디로 말하면 '관념적인 지향'으로 반영되며, 이러한 형태에서 그것들은 '관념의 힘'이 된다. 만일 어떤 사람이 '관념적인 지향을 추구하며' 그가 자기에 대한 '관념의 힘'의 영향을 인정한다는 사정만으로 관념론자가 된다면 다소라도 정상적으로 발달한 인간은 누구나 다 타고난 관념론자일 것이니, 그렇다면 도대체 이 세상에 유물론자는 어떻게 있을 수 있는가 하는 의문이 생기지 않을 수 없다.

셋째로 인류가 — 적어도 오늘날에 — 전체적으로 보아 진보적인 방향으로 나아가고 있다는 신념은 유물론과 관념론 간의 대립과 아무런 상관이 없다. 프랑스 유물론자들은 이신론자理神論者[18]인 볼테르Voltaire나 루소Rousseau에 못지않게 거의 광신적으로 이 신념을 고수하고 있었으며, 이 신념 때문에 왕왕

---

18 이신론자들이란 비록 신이 세계를 창조했다는 것을 인정할지라도 세계의 진보적 발전에 대한 신의 영향력을 부인하는 종교철학적 교리의 신봉자를 말한다. 이러한 이론은 봉건주의를 지배하던 기독교적 세계관에 대한 반대 투쟁을 하는 데는 진보적인 방향을 제시했다. 이신론자들은 그 밖에도 중세 종교의 개념과 교회의 교조주의를 비판하고 성직자들의 허위성을 폭로했다.

크나큰 개인적 희생까지 당했다. 만일 '진리와 정의에 대한 열정'—이 말을 선의로 해석해서—에 자기와 전 생애를 바친 사람이 있었다면, 그런 사람은 예컨대 디드로Diderot였다. 그리고 슈타르케가 이 모든 것을 관념론이라고 선언한다면, 이는 다만 유물론이라는 말이나 또는 두 경향의 대립 전체도 이 경우에 그에게는 아무런 의미도 지닐 수 없다는 것을 증명할 따름이다.

　사실상 여기서 슈타르케는 유물론이라는 명칭을 반대하는 속물들의 편견, 유물론에 대한 성직자들의 장구한 비방의 영향으로 인해 속물들에게 뿌리박힌 편견에 용서할 수 없는 양보—혹여 무의식적으로 그랬을지는 모르지만—를 하고 있다. 이 속물들은 유물론이라는 것을 포식, 폭음, 허영, 육욕과 거드름, 금전욕, 인색, 탐욕, 이기주의와 증권거래소의 사기 등 간단히 말하면 그들 자신이 남몰래 즐기고 있는 그러한 더러운 악덕으로 이해한다. 그런데 관념론은 그들에게 미덕에 대한 신앙, 전 인류에 대한 사랑과 '보다 좋은 세계'에 대한 신앙을 의미한다. 그들은 '보다 좋은 세계'에 대해서 다른 사람들 앞에서는 큰소리로 외치지만, 그들 자신은 술이 깨지 않아 골치가 아플 때나 또는 파산하였을 때에만—한마디로 말하면 자기의 습관이 된 '물질적'materialistischen 방탕의 불쾌한 결과를 맛볼 수밖에 없을 때에만 물질을 신앙하기 시작한다. 그러기에 속물들은 '인간이란 무엇인가? 반은 야수요 반은 천사다'라는 노래를 즐겨 부른다.

67

II

다른 한편으로 슈타르케는 오늘 독일에서 철학자라고 떠들어대고 있는 대학 강사들의 공격과 학설로부터 포이어바흐를 옹호하기에 열중하고 있다. 독일 고전철학의 타락한 후손들에 대하여 흥미를 가지는 사람들에게는 이것은 물론 중요하며 또 슈타르케 자신도 이것이 필요하다고 생각했다. 그러나 여기서는 이 문제로 독자들을 번거롭게 하지 않으려 한다.

III

포이어바흐의 실질적인 관념론은 그의 종교철학과 윤리학을 보면 곧 드러난다. 포이어바흐는 결코 종교를 포기하려고 하지 않고 그것을 완성하려고 한다. 그에 의하면 철학 자체가 종교 속에 용해되어야 한다.

> 인류의 각 시기는 종교의 변화에 의해서만 서로 구별된다. 하나의 역사적 운동은 인간의 마음에 깊이 받아들여질 때에만 자기의 지반에 도달한다. 마음은 종교의 한 형식이 아니다. 그러므로 종교는 마음 속에도 역시 존재해야 한다고 말해서는 안 된다. 마음은 곧 종교의 본질이다. (슈타르케의 저서 168쪽에 인용됨)

포이어바흐의 학설에 의하면 종교는 인간과 인간 사이의 감정에 기초한 마음의 관계로서, 이 관계는 지금까지는 현실의 환상적 반영 가운데서 — 인간적 속성의 환상적 반영인 하나의 신 또는 많은 신을 매개로 하여 — 자기의 진리를 찾아왔으나, 이제는 '나'와 '너' 사이의 사랑에서 매개 없이 직접 진리를 찾는다. 그리하여 결국 포이어바흐에게는 성애性愛가 그의 새로운 종교 실현의 최고 형식은 아니라 하더라도 최고 형식들 중의 하나가 된다.

사람들 사이의, 특히 이성 간의 감정에 기초한 관계는 인류가 존재한 이래 계속 있었다. 성애는 특히 최근 800년간 굉장한 의의와 중요한 지위를 획득하여 시와 노래 모두에 없어서는 안 되는 핵심이 되었다. 현존하는 기성 종교는 성애에 관한 국가의 법규, 다시 말해 혼인법을 최고도로 신성화하는 데 그치고 있다. 이러한 종교는 내일이라도 완전히 없어질 수 있으나 애정과 우정의 실천에서는 티끌만한 변화도 일어나지 않을 것이다. 프랑스에서는 1793년부터 1798년에 이르는 기간에 기독교가 사실상 쇠퇴해버렸기 때문에 나폴레옹 같은 사람도 기독교를 부활시키는 데 저항에 부딪히고 곤란을 겪었다. 그러나 이 기간에 기독교를 포이어바흐의 새로운 종교와 같은 것으로 바꾸어놓자는 요구가 나타난 적은 한 번도 없었다.

여기에서 포이어바흐의 관념론은 다음과 같은 점에, 즉 그가 인간 상호 간의 애정에 기초한 모든 관계, 즉 성애, 우정, 동정, 자기희생 등등을 그 자신도 이미 과거의 것으로 인정하는 그런 어떤 특정의 종교와는 관계없이 그 자체로 의의를 가진 것으로 단순하게 고찰하려 하지 않은 데 있다. 이러한 관계는 '종교'라는 말로 신성화될 때에만 완전한 의의를 가지게 될 것이라고 포이어바흐는 주장한다. 그에게 중요한 것은 이렇게 순수한 인간적인 관계가 존재한다는 데 있는 것이 아니라 사람들이 그 관계를 참다운 새 종교로 본다는 데 있다. 그 관계에 종교의 낙인을 찍어놓는 경우에라야 비로소 그는 그것이 완전한 가치를 지녔다고 인정하는 데 동의한다. 종교라는 말은 religare에서 나온 것으로 본래는 결합이라는 의미를 표시했다. 따라서 두 사람이

72

상호 결합하면 모두 종교가 되는 것이다. 이러한 어원학적 요술은 관념론 철학의 마지막 피난처이다. '종교'라는 말에 그것이 실제로 사용되는 과정에서 역사적으로 발전한 결과로서 획득한 의미보다 어원적으로 지녀야 할 의미가 중요시되는 셈이다.

이와 같이 오직 관념론적 추억을 위해서만 귀중한 '종교'라는 단어가 언어에서 사라지지 않도록 하기 위하여 성애와 이성理性 간의 관계를 종교라는 높은 자리에까지 받들어 올리고 있다. 1840년대에 루이 블랑Louis Blanc 일파의 파리 개량주의자들도 이와 꼭 같이 논의한 바가 있었다. 당시 그들도 역시 종교를 갖지 않는 사람들을 일종의 괴물로 생각했기 때문에 우리에게 이렇게 말했다 — 따라서 무신론이 곧 당신들의 종교가 아닌가![19] 포이어바흐가 본질상 유물론적 자연관의 기초 위에 진정한 종교를 설립하려고 노력하는 것은 마치 현대 화학을 진정한 연금술로 보려는 것과 유사했다. 만일 신이 없는 종교가 있을 수 있다면 현자賢者의 돌 없는 연금술도 있을 수 있을 것이다.

게다가 연금술과 종교 사이에는 극히 밀접한 연관이 있다. 현자의 돌은 신과 유사한 많은 속성을 지니고 있다. 그리고 기원 초 두 세기의 이집트와 그리스 연금술사들도 역시 코프Kopp와 베르텔로Berthelot가 인용한 자료들이 보여주는 바와 같이 기독교 교리를 수립하는 데 일정한 역할을 담당했다.

"인류의 각 시기는 종교의 변화에 의해서만 서로 구별된다"

19   원문은 Donc, l'athéisme c'est votre religion! — 옮긴이

고 하는 포이어바흐의 주장은 전혀 옳지 않다.

이때까지 존재해온 세계의 3대 종교, 즉 불교와 기독교와 이슬람교를 두고 볼 때에만 역사상의 대전환은 종교의 변화를 수반했다. 자연발생적으로 생겨난 고대 종족이나 민족의 종교는 선전적인 성격을 지니고 있지 못하여 그 종족이나 민족의 독립성이 파괴되자마자 일체의 저항력을 잃어버렸다. 게르만 민족의 경우에 당시 붕괴 과정에 있던 로마 세계제국과 접촉한 것만으로도, 그리고 로마에서 막 받아들여 그 나라의 경제적·정치적·정신적 상태에 적응하게 된 기독교라는 세계 종교와 접촉한 것만으로도 민족 종교는 일체 저항력을 잃어버렸다. 바로 이러한 이유로 우리는 많으나 적으나 인위적으로 발생한 세계 종교, 특히 기독교와 이슬람교의 경우에만 비로소 일반적인 역사의 운동이 종교적 색채를 띤다고 말할 수 있다.

하지만 기독교가 전파된 범위 안에서조차 참으로 보편적인 의의를 가진 혁명이 이러한 색채를 띠게 되는 것은 오직 13세기에서 17세기까지, 즉 부르주아지의 자기 해방 투쟁의 첫 단계에서였다. 그리고 이것은 포이어바흐가 생각하듯이 인간 심성의 속성이나 그 종교적 요구에 의해서 설명되는 것이 아니라, 다만 하나의 이데올로기 형태, 다시 말해 종교와 신학만을 알고 있었던 선행하는 중세 역사 전체에 의해서 설명된다. 그러나 18세기에 이르러 부르주아지가 충분한 힘을 가지게 되어 자기의 계급적 처지에 적합한 자기 자신의 이데올로기를 만들어냈을 때에는 그들은 주요한 법률적·정치적 사상에만 의거하여 그들 자신의 위대하고 철저한 혁명—프랑스 혁명을 수행했다. 그리고 종교가 그들의 앞길을 가로막았을 경우에만 종교를 고려했다. 그러나 이때에도 낡은 종교 대신에 어떤 새로운 종교를 내세우려는 생각조차 할 수 없었다. 로베스피에르Robespierre가 이와 관련하여 어떠한 실패를 맛보았는가는 주지하는 바이다.[20]

우리가 지금 그 안에서 생활해야 하는 사회, 즉 계급 대립과 계급 지배에 기초하고 있는 사회에서는 다른 사람과의 관계에서 순수하게 인간적인 감정을 느낄 가능성이 본래 매우 적은데, 이 감정을 종교라는 높은 자리에까지 받들어 올림으로써 이 가능성을 더욱 적게 할 이유는 조금도 없을 것이다. 이와 마찬가지로 현재 널리 보급된—특히 독일에—역사 편찬학은 역사적인 계급 투쟁에 대한 우리의 이해를 이미 상당히 애매하게 만들었는데, 이제 이 투쟁의 역사를 교회사의 단순한 부록으로 변형시킴으로써 그 이해를 전혀 불가능하게 만들 필요는 없을 것이다. 이것만 보아도 지금 우리가 포이어바흐로부터 벌써 얼마나 멀어졌는가 하는 것을 알 수가 있다. 이미 여기에서는 새로운 사랑의 종교를 찬미하고 있는 그의 저작 중의 '극히 아름다운 구절'조차도 더 이상 읽을 만한 가치조차 없게 되었다.

포이어바흐가 진지하게 탐구한 유일한 종교는 기독교이며,

20   최고 실재의 종교를 제정하려 한 로베스피에르의 시도를 염두에 두고 있다.—옮긴이

75

이는 일신론에 기초한 서방의 세계 종교이다. 그는 기독교의 신이란 인간의 환상적 반영에 지나지 않는다는 것을 보여주었다. 그러나 여기서 말하는 신 그 자체도 장구한 추상 과정의 산물이며 고대의 수많은 종족과 민족의 신들이 집중된 정수이다. 이에 상응하여 신의 원형인 인간도 현실적인 인간이 아니라, 그것 역시 수많은 현실적인 인간들의 정수요, 추상적인 인간이며 따라서 그 자체가 머릿속의 하나의 형상일 따름이다. 포이어바흐는 그의 저서에서 구구절절이 감성Sinnlichkeit을 설교하며 우리에게 구체적이며 현실적인 세계에 파고들 것을 설교하고 있으면서도, 다름 아닌 포이어바흐 그 자신은 일단 인간 상호 간의 이성 관계가 아닌 다른 어떤 관계를 말하게 되자마자 극히 추상적이 된다.

그는 이러한 관계에서는 도덕이라는 단 하나의 측면만을 보았다. 그리고 여기에서도 헤겔에 비하여 포이어바흐의 놀랄 만한 빈약성이 다시금 우리를 놀라게 한다. 헤겔의 윤리학 또는 인류에 관한 학설은 법철학인데, 그것은 1)추상적인 법, 2)도덕, 3)인류을 포괄하며 이 인류에는 다시 가족, 시민사회, 국가가 속한다. 여기에서는 형식은 관념론적이지만 내용은 현실적이다. 그 내용은 도덕과 함께 법, 경제 및 정치의 모든 영역을 포괄한다. 포이어바흐는 그와 정반대이다. 형식을 두고 말하면 그는 현실적이며 인간을 출발점으로 삼는다. 그러나 그는 이 인간이 생활하고 있는 세계에 관해서는 한마디도 말하지 않으며, 또 그렇기 때문에 그의 인간은 여전히 종교철학에서 설교하는 추상적 인간 그대로이다. 이 인간은 모태에서 출생한 것이 아니라 번데기가 나비가 되듯이 일신교의 신에서 날아 나온 것이다. 그렇기 때문에 이 인간은, 역사적으로 발전해오고 또 역사적으로 규정된 현실 세계에서 살고 있지 않다. 비록 그가 다른 사람들과 교제를 한다 하더라도, 그 다른 사람들도 누구나 다 그와 마찬가지로 추상적인 인간이다. 그의 종교철학에서는 그래도 아직은 남성과 여성의 구별이 있었으나, 그의 윤리학에서는 이 마지막 구별조차 없어진다. 물론 포이어바흐에게서 간혹 다음과 같은 구절도 볼 수 있다.

> 인간은 궁전에서 살 때와 오두막에서 살 때 서로 다른 생각을 한다.[21]

> 만일 굶주림과 가난 때문에 당신의 뱃속이 텅 비어 있다면, 도덕에 관한 한 당신의 머릿속도, 당신의 가슴과 마음도 텅 비어 있을 것이다.[22]

---

21 Feuerbach, "Wider den Dualismus von Leib und Seele, Fleisch und Geist", *Ludwig Feuerbach's sämmtliche Werke*, Bd. 2, Leipzig, 1846, S. 363.

22 Feuerbach, "Noth meistert alle Gesetze und hebt sie auf"(*Ludwig Feuerbach in Seinem Briefwechsel und Nachlaß sowie in seiner Philosophischen Charakterentwicklung, dargestellt von Karl Grün*, Bd. 2, Leipzig und Heidelberg, 1874, S. 285/286). 슈타르케는 그의 저서『루트비히 포이어바흐』254쪽에서 인용하고 있다.

정치는 우리의 종교가 되어야 한다.[23]

그러나 포이어바흐는 이러한 명제들을 전혀 발전시킬 줄 모르며 이 구절들은 그저 빈말일 뿐이었다. 그리하여 슈타르케조차 인정하지 않을 수 없었던 것처럼 정치는 포이어바흐에게 도달하기 힘든 영역이었다.

사회에 관한 과학, 즉 사회학은 미지의 영역이었다.[24]

선악의 대립을 고찰하는 데 있어서도 포이어바흐는 역시 헤겔에 비하여 천박하였다. 헤겔은 이렇게 말한다.

인간은 천성적으로 선하다고 말하면서 마치 자기가 매우 심오한 사상을 말하듯이 생각하는 사람들이 더러 있다. 그러나 그들은, 인간이란 천성적으로 악하다는 말에 훨씬 더 심오한 사상이 담겨 있다는 것을 망각하고 있다.[25]

---

23 Feuerbach, "Grundsätze der Philosophie Notwendigkeit einer Veränderung"(*Ibid.*, Bd. 1, S. 409). 슈타르케는 그의 위의 책 280쪽에서 인용하고 있다.

24 원문은 terra incognita(ein unbekanntes Land). — 옮긴이

25 엥겔스는 여기에서 헤겔의 저서 『법철학 개요』 제18, 139절에서와 『종교철학 강의』*Vorlesungen über die Philosophie der Religion* 제3부, II, 3에서 표명된 그의 사상을 요약하고 있다.

헤겔이 말하는 악惡이란 역사 발전의 동력이 발현되는 형식이다. 여기에는 이중적인 의미가 포함되어 있다. 한편으로는 어떠한 새로운 전진이든 그것은 다 필연적으로 어떤 신성한 것에 대한 모독이며, 낡아서 사멸해가고는 있으나 인습에 의하여 신성화된 제도에 대한 반역으로 나타난다. 다른 한편으로는 계급 대립이 발생한 이후로 사람들의 추악한 욕심, 즉 물욕과 권세욕이 역사 발전의 지렛대가 되었다. 예를 들어 봉건제도와 부르주아지의 역사는 부단히 이를 증명하고 있다. 그러나 포이어바흐는 도덕적인 악의 역사적 역할을 연구하려고는 조금도 생각하지 않았다. 역사의 영역은 그에게는 그야말로 불편하고 불쾌한 영역이었다. 그의 다음과 같은 주장조차 그에게서는 전혀 결실을 맺지 못하였다.

> 인간이 자연의 품속에서 금방 태어났을 때에는 순전히 자연적인 존재에 불과하였고 인간이 아니었다. 인간이란 인간의 산물이며 문화의 산물이며 역사의 산물이다.[26]

이와 같이 포이어바흐가 도덕에 관해서 우리에게 알려주는 것이란 극히 빈약한 것에 지나지 않는다. 행복 추구는 인간

26   Feuerbach, "Fragmente zur Charakteristik meines Philosophischen Curriculum vitae", *Ludwig Feuerbach's sämmtliche Werke,* Bd. 2, Leipzig, 1846, S. 411.

79

의 천성이다. 그렇기 때문에 이것이 도덕의 기초가 되어야 한다. 행복 추구는 이중의 수정을 받는다.

첫째, 우리 행위의 자연적 결과에 의해서 수정된다. 즉, 몹시 취하면 그 이튿날까지 술이 깨지 않으며, 상습적으로 방탕하면 병이 생긴다.

둘째, 행위의 사회적 결과에 의해서 수정된다. 즉, 우리가 동일한 행복을 추구하는 다른 사람들의 지향을 존중하지 않는다면 그들도 우리의 행복을 추구하는 지향을 반대하고 방해할 것이다. 이로부터 만일 우리가 자기의 행복을 추구하는 지향을 만족시키려고 한다면, 우리는 자기 행위의 결과를 옳게 평가할 뿐만 아니라 동일한 지향에 대한 다른 사람들의 권리도 존중할 줄 알아야 한다는 결론이 나온다. 자기 자신에 대한 이성적 자제와 타인에 대한 사랑, ─ 또 다시 사랑이다! ─ 이러한 것이 포이어바흐 도덕의 기본 규칙이며 다른 규칙들은 이로부터 파생한다. 그리고 포이어바흐의 대단히 기지에 넘친 논의도, 슈타르케의 아주 힘 있는 찬사도 이러한 두세 개 명제들의 빈곤성과 진부함을 은폐할 수는 없다.

인간이 자기 자신의 문제만 돌봄으로써 자기 행복을 추구하는 지향을 만족시킨다는 것은 극히 드문 일이며, 또 만족시킨다 하더라도 자기에게나 다른 사람에게나 결코 유익한 결과를 가져오지 못한다. 인간은 외계와 접촉해야 하며 자신의 욕망을 충족시키기 위한 수단, 다시 말해서 음식물, 이성異性, 책, 대화,

논쟁, 활용, 생활, 소비 및 노동대상을 가져야 한다. 포이어바흐의 도덕은 누구나 다 이 모든 수단과 대상을 가지고 있다는 것을 미리 전제하고 있거나, 그렇지 않으면 그 도덕은 좋기는 하나 적용될 수 없는 충고를 줄 뿐이어서, 그러한 수단들을 가지고 있지 못한 사람들에게는 빛 좋은 개살구와 같은 것이거나 둘 중의 어느 하나일 것이다. 포이어바흐 자신도 이에 대해서는 단적으로 다음과 같이 말하고 있다.

> 인간은 궁전에서 살 때와 오두막에서 살 때 서로 다른 생각을 한다. 만일 굶주림과 가난 때문에 당신의 뱃속이 텅 비어 있다면, 도덕에 관한 한 당신의 머릿속도, 당신의 가슴과 마음도 텅 비어 있을 것이다.[27]

그러면 다른 사람들도 행복에 대해 동등한 권리를 가진다는 점을 인정한다면 사정이 나아지겠는가? 포이어바흐는 이러한 요구가 모든 시기와 모든 환경에 필수적인 것이라고 생각한다. 그러나 어느 때부터 그것을 모든 사람이 인정하였는가? 고대의 노예와 노예 소유자 사이에, 또는 중세의 농노와 귀족 사이에 만인의 행복에 대한 동등권이 문제가 된 일이 과연 있었던가? 피지배계급의 행복을 추구하는 지향은 무자비하게, 그것도

---

27   Feuerbach, "Zur Moralphilosophie", *Ibid.*, S. 286.

'법에 의하여' 지배계급의 동일한 지향을 위해 희생되지 않았던 가? 그랬다. 그러나 그것은 비도덕적이었다. 그런데 이제는 동 등권이 인정되고 있다고 한다. 과연 이는 문구상으로는 인정되 고 있다. 그렇게 된 것은 부르주아지가 봉건제도를 반대하는 투 쟁에서, 또 자본주의적 생산의 발전을 위하여 모든 신분적인 즉 인격상의 특권을 폐지하고, 처음에는 사법상에서 다음에는 점 차 공법상에서도 인격의 법적 동등권을 실시하지 않을 수 없게 되었을 때부터이다. 그러나 행복을 추구하는 지향에 대해서는 관념적인 권리만으로는 극히 불충분하다. 이는 무엇보다도 물 질적 수단을 더 많이 요구한다. 그러나 자본주의적 생산은 동등 권을 가진 압도적 다수의 사람들이 극빈한 생활을 유지하는 데 극히 필수적인 것만을 겨우 가질 수 있도록 한다. 따라서 자본 주의가 행복에 대한 다수의 동등권을 노예제나 농노제보다 더 존중한다고 할 수는 없을 것이다. 그러면 행복을 보장하는 정신 적 수단, 다시 말해서 교육 수단은 좀 더 나은가? '사도바의 선 생'[28]조차도 신화적 인물이 아닌가?

---

28 사도바Sadowa에서 프로이센인들이 승리한(1866년 프로이센·오스트리아 전쟁 에서) 이후 독일의 부르주아 평론가들 사이에서 유행하던 표현으로서, 이 표 현의 의미는 프로이센의 승리가 프로이센 국민교육제도의 우월성에 기인한 다는 것이다. 이 말은 아우크스부르크Augsburg에서 발간된 잡지(*Das Ausland*) 의 편집자인 오스카 페셸Oskar Peschel이 1866년 7월 17일에 이 잡지 제29호 에 게재한 논설 「얼마 전에 있었던 전쟁의 역사적 교훈」(Die Lehren der jüngsten Kriegsgeschichite)에서 처음 나왔다.

82

그뿐만 아니라, 포이어바흐의 도덕론에 따르면, 만일 사람들이 영리하게 투기하기만 하면 증권거래소가 도덕의 최고 전당이 된다. 만일 나의 행복을 추구하는 지향이 나를 증권거래소로 데려간다고 하자. 그리고 내가 거기에서 나의 행위의 결과를 옳게 타산할 줄 알기 때문에 그 행위가 항상 나에게 쾌락만을 가져다주고 어떠한 손실도 보지 않게 한다면, 쉽게 말해서 내가 항상 돈을 딴다면 포이어바흐의 지시는 이행된 것이다. 이 경우에 나는 옆사람의 행복을 추구하는 지향을 조금도 구속하지 않는다. 왜냐하면 나의 옆사람도 역시 나와 마찬가지로 자발적으로 증권거래소에 온 것이고, 또 그가 나와 투기를 하는 데 있어 내가 나 자신의 행복을 추구하는 지향에 따라서 한 것처럼 그도 역시 그 자신의 행복을 추구하는 지향에 따라서 할 것이기 때문이다. 그러나 만일 그가 돈을 잃는다면 이것은 그가 그의 행위의 결과를 잘못 타산한 것으로 그의 행위의 비도덕성을 증명한다. 그리고 나는 그에게 상당한 벌을 주어 현대의 래더맨더스 Rhudamanthus[29]로서 뽐낼 수도 있다.

사랑도 단순한 감상적인 문구가 아닌 한 역시 증권거래소를 지배할 것이다. 왜냐하면 각자는 자기의 행복을 추구하는 지향을 타인에 의하여 만족시키는데, 이것이야말로 사랑이 해야 할 일이며 바로 거기에서 사랑이 실제적으로 실현되기 때문이

---

29   그리스 신화에 의하면 래더맨더스는 자기의 공평성으로 말미암아 지옥의 재
      판관으로 임명되었다. ― 옮긴이

다. 따라서 만일 내가 나의 거래 행위의 결과를 잘 예견한다면, 즉 도박에서 성공한다면 나는 포이어바흐 도덕의 엄격한 요구를 모두 이행하는 것일뿐더러 게다가 부자도 될 것이다. 바꾸어 말하면 포이어바흐의 염원과 의도에 관계없이 그의 도덕은 결국 오늘날의 자본주의 사회에 알맞게 재단되어 있다.

그런데 사랑은! 그렇다. 포이어바흐에게 사랑은 언제나 또 어디서나 실제 생활의 모든 곤란을 극복하도록 도와주는 마법의 신이다. 그리고 이것은 정반대의 이해관계를 가진 계급들로 분열된 사회에도 마찬가지이다. 그리하여 포이어바흐의 철학에서는 그의 혁명적 성격의 마지막 흔적까지 사라지고 낡은 노래, 즉 서로 사랑하라, 성과 신분의 구별 없이 서로를 포옹하라고 하는 보편적 화해의 도취만이 남는다.

간단히 말하면 포이어바흐의 도덕론은 그보다 선행하는 자들의 도덕론과 동일하다. 그의 도덕론은 온갖 시대, 온갖 민족, 온갖 사정에 맞도록 꾸며진 것이며, 또 바로 그렇기 때문에 어디서나 또 언제나 적용될 수 없다. 현실 세계에서 그것은 칸트의 정언명령과 마찬가지로 무력하다. 실제로는 각 계급마다, 심지어 각 직업마다 자기의 고유한 도덕을 가지고 있는데, 그것을 위반해도 처벌당하지 않을 경우에는 그들은 언제든지 이 도덕을 위반한다. 그리고 모든 것을 통일시키려고 하는 사랑은 도리어 전쟁, 쟁의, 소송, 가정 불화, 이혼, 일부 사람들에 의한 다른 사람들의 최대한의 착취 속에서 발현된다.

84

그러나 포이어바흐가 정신적 운동에 준 그 강력한 충격이 포이어바흐 자신에게는 전혀 성과없는 것이 되어버린 이유는 무엇이었는가? 그 이유는 간단하다. 포이어바흐 자신이 그렇게 증오하는 추상의 왕국에서 살아 있는 현실로 나갈 길을 발견하지 못했기 때문이다. 그는 있는 힘을 다하여 자연과 인간에 매달린다. 그러나 자연이나 인간이나 그에게는 한갓 공허한 명사에 불과하다. 그는 현실적인 자연에 관해서도, 현실적인 인간에 관해서도 확정적인 어떤 것도 말하지 못하고 있다. 포이어바흐의 추상적 인간으로부터 현실적이고 살아 있는 인간으로 이행하자면 이 인간들을 역사 속에서 행동하는 인간으로 연구할 필요가 있었다. 그러나 포이어바흐는 이 점을 집요하게 반대했다. 그렇기 때문에 그가 이해하지 못했던 1848년이라는 해는 그에게는 현실 세계와의 최후의 절연, 은거생활로의 이행을 의미했다. 이에 대한 책임은 앞에서도 말한 바와 같이, 주로 그를 이러한 가련한 종말에 끌어넣은 독일의 사회 상황에 있었다.

그러나 포이어바흐가 이룩하지 못한 진보는 어쨌든 이룩해야 했다. 추상적 인간의 숭배라는 포이어바흐의 새로운 종교의 핵심은 현실적 인간과 그 역사적 발전에 관한 과학으로 교체되어야 했다. 포이어바흐 철학의 한계를 넘어 포이어바흐의 견해를 앞으로 더 발전시키는 일은 1845년에 마르크스에 의하여 『신성 가족』*Heiligen Familie* 에서 시작되었다.

85

III

IV

슈트라우스Strauß(1808~1874), 바우어Bauer(1809~1882), 슈티르너 Stirner(1806~1856), 포이어바흐Feuerbach(1804~1872)는 그들이 아 직도 철학의 지반을 떠나지 않았던 한에서는 헤겔 철학의 분파 들이었다. 슈트라우스는 자기의 저서『예수의 생애』와『교의론』 Dogmatik[30]을 발표한 이후로는 르낭 식으로á la Renan 철학적, 교회 사적 미문학美文學만을 연구했다. 바우어는 다만 기독교 발생사 의 분야에서만 다소 가치 있는 일을 했을 따름이다. 슈티르너는 심지어 바쿠닌Bakunin이 그와 프루동Proudhon을 뒤섞어서 그 혼합 물을 '무정부주의'Anarchismus라고 명명한 후에도 단순한 기인奇人 으로 남아 있었다. 포이어바흐만이 탁월한 철학자였다. 그러나 모든 개별 과학 위에 군림하면서 그것들을 하나로 종합하는 과 학의 과학으로서 자칭하던 철학이란 그에게는 여전히 뛰어넘을 수 없는 한계이자 불가침의 신성한 것으로 남아 있었다. 뿐만 아니라 철학자로서도 그는 철저하지 못하여 아래로는 유물론 자였고 위로는 관념론자였다.

그는 헤겔을 비판적으로 극복하지 못하고 다만 그를 무용 지물로 여겨 포기함으로써, 그 자신은 헤겔의 체계의 백과사전

---

30 이것은 엥겔스가, 튀빙겐·슈투트가르트에서 1840~1841년에 출판된 슈트라우 스의 책『역사적 발전과 현대 과학 투쟁에서의 기독교적 신앙론』*Die christliche Glaubenslehre in ihrer geschichtlichen Entwicklung und im Kampfe mit der modernen Wissenschaft* 의 두 번째 부분의 제목「기독교적 신앙론의 실제적 본질, 혹은 본래 적 교의론」Der materielle lnbegriff der christlichen Glaubenslehre, oder die eigentlicle Dogmatik에서 인용한 것이다.

IV

적인 풍요로움에 과장된 사랑의 종교와 빈약하고 무력한 도덕 이외에는 아무것도 적극적으로 대체하지 못했다.

그러나 헤겔학파가 해체되자 거기에서 다른 한 유파가 형성되었다. 이것은 참으로 성과를 거둔 유일한 유파였다. 이 유파는 주로 마르크스의 이름과 결부되어 있다.[31]

여기서도 헤겔 철학과의 분리는 유물론적 관점으로 되돌아감으로써 비롯되었다. 이는 이 유파의 사람들이 현실 세계—자연과 역사—를 선입견에 의한 관념론적 변덕 없이 그것에 접근하는 모든 사람들에게 보이는 그대로 이해하려고 결심하였음을 의미한다. 그들은 어떤 환상적인 연관에서 파악된 것이 아니라, 그 자체의 연관에서 파악된 사실들과 합치되지 않

31 나는 여기에서 나 자신에 대해 몇 마디 말하려 한다. 최근에 이 이론을 완성하는 데 내가 기여했다고 말하는 사람들이 종종 있다. 그러므로 나는 여기에서 이 문제를 명백히 하기 위해 몇 마디 하지 않을 수 없다. 내가 마르크스와 40여 년간에 걸쳐 공동작업을 하기 이전이나 그 공동작업 기간이나 이 이론을 창시하며 특히 그것을 완성하는 데 어느 정도 독자적으로 기여했다는 것은 부인할 수 없다. 그러나 지도적인 기본사상의 대부분—특히 경제와 역사 분야에서의—과 더욱이 그 기본사상의 최후의 예리한 정식화는 마르크스에게 속한다. 내가 기여했다고 하는 것은 아마 2~3개의 전문 부문을 제외하고는 마르크스가 나 없이도 용이하게 해놓을 수 있었을 그러한 것이다. 그러나 마르크스가 해놓은 것은 나로서는 결코 하지 못하였을 것이다. 마르크스는 우리들 중 그 누구보다도 훨씬 높이 서 있었으며 더 멀리 앞을 내다보았으며 더 많이 그리고 더 빨리 관찰하였다. 마르크스는 천재였으며 우리는 기껏해야 수재였다. 그가 없었더라면 우리의 이론은 도저히 오늘과 같이 될 수 없었을 것이다. 그렇기 때문에 우리의 이론은 정당하게도 그의 이름으로 불리고 있는 것이다. —엥겔스

는 모든 관념론적 변덕을 무자비하게 내던지려고 결심했다. 그리고 유물론이란 원래 그 이상의 아무것도 의미하지 않는다. 새로운 유파가 남다른 점이 있다면, 이는 다만 여기에서 처음으로 유물론적 세계관이 진정으로 진지하게 취급되었고 세상에서 문제가 되고 있는 지식의 모든 영역에서 철저히─적어도 기본적으로는─관철되었다는 것뿐이다.

헤겔은 단순히 포기되지 않았다. 반대로 이 유파는 위에서 지적된 헤겔 철학의 혁명적 측면, 즉 변증법적 방법을 섭취했다. 그러나 이 방법은 헤겔식 형태 그대로는 쓸 수가 없었다. 헤겔에게 변증법은 개념의 자기 발전이다. 절대 개념der absolute Begriff은 옛날부터─어디인지는 모르지만─존재하고 있었을 뿐만 아니라 또 현존하는 전 세계의 참다운 살아 있는 넋이었다. 그 절대 개념은 『논리학』에서 상세히 고찰되고 있는 모든 예비적 단계, 절대 개념 자체에 내포되어 있는 그 예비적 단계를 통과하여 자기 자신으로 발전한다. 다음에는 자기 자신을 '외화'entäußert하여 자연으로 전화하고 거기에서 자기 자신을 의식하지 못하면서 자연 필연성의 형태를 취하여 새로운 발전을 한다. 그리고 마지막으로 인간에게서 다시금 자기의식에 도달한다. 이 자기의식은 이번에는 역사에서 또 다시 미숙한 상태로부터 점차 벗어 나오며, 그리하여 드디어 절대 개념은 헤겔 철학에서 다시 완전히 자기 자신에 도달한다. 이와 같이 헤겔에게는 자연과 역사에서 나타나는 변증법적 발전, 즉 모든 지그재그 운동과 모든 일시적 후퇴를 통하여 낮은 차원에서 높은 차원으로 자기의 길을 개척해가는 전진적 운동의 인과적 연관은 어디서 인지는 모르나 어쨌든 사유하는 모든 인간의 두뇌로부터 완전히 독립하여 영원히 진행되는 개념의 자기 운동의 모사에 지나지 않는다.

이러한 관념론적 왜곡은 제거되어야 했다. 유물론적 관점으로 돌아온 우리는 현실의 사물을 절대 개념의 일정한 발전 단계의 모사로 보는 것이 아니라, 반대로 인간의 머릿속에 있는 개념들을 현실 사물들의 모사로 보았다. 그래서 변증법은 외부 세계와 인간 사유의 두 영역의 일반적 운동 법칙에 관한 과학으로 환원되었다. 이 두 계열의 법칙은 본질상 동일하지만 그 표현상 다음과 같은 차이가 있을 뿐이다. 즉, 인간의 두뇌는 이 법칙을 의식적으로 적용할 수 있으나, 자연에서 — 이때까지는 대체로 인간 역사에서 — 이 법칙은 외견상으로는 무한한 우연성 가운데서 외적 필연성의 형식을 취하면서 무의식적으로 자신의 길을 개척한다는 점이다. 따라서 개념의 변증법 자체는 다만 현실 세계의 변증법적 운동의 의식적 반영에 불과한 것이 되었다. 이와 함께 헤겔의 변증법은 전도되었다. 다시 정확히 말한다면 그것은 바로 서게 되었다. 왜냐하면 이전에는 그것이 거꾸로 서 있었기 때문이다.

그리고 주목할 만한 점은 이미 수년간 우리의 가장 좋은 노동 도구이며 가장 예리한 무기가 된 이 유물론적 변증법은 우리들만이 발견한 것이 아니라, 독일의 한 노동자 요제프 디츠겐 Joseph Dietzgen(1828~1888)[32]도 우리와 또 심지어 헤겔과도 독립적으로 발견하였다는 것이다.

그리하여 헤겔 철학의 혁명적 측면은 복구되고, 또 동시에 헤겔 철학은 헤겔에게서 혁명적 측면의 철저한 관철을 곤란하게 했던 관념론적 외피로부터 해방되었다. 위대한 기본사상, 즉 세계는 기성의 완성된 **사물**Dingen으로 구성되어 있는 것이 아니라 **과정**Prozessen의 총체이며, 여기서는 불변적으로 보이는 사물도, 두뇌에 의하여 구성된 사물의 사유적 모방인 개념도 다 같이 부단히 변화하면서 혹은 발생하며 혹은 소멸한다는 것, 그리고 또 전진적 발전은 모든 외견상의 우연성과 일시적 퇴보에도 불구하고 결국 자기 자신의 길을 개척한다는 것 ― 이 위대한 기본사상은 헤겔 시대 이래 일반의 의식에 깊이 침투했기 때문에 위에서 말한 일반적 형태에서는 이를 논박하는 사람이 거의 없다. 그러나 이를 말로 인정하는 것과 각각의 개별적 경우에, 또 각각의 주어진 연구 영역에 적용하는 것은 다르다.

만일 우리가 연구를 하는 데 항상 이러한 견지에서 출발한다면 최종적인 해결이나 영원한 진리에 대한 요구는 즉각 중지될 것이다. 우리는 항상 획득된 모든 인식의 필연적인 한계를, 즉 획득된 모든 인식은 그것이 획득된 때의 환경에 의해서 제

32 　『한 육체 노동자가 쓴 정신 노동의 본질』*Das Wesen der Kopfarbeit, von einem Handarbeiter*, 함부르크 마이너스 판을 보라. ― 엥겔스

IV

약받는다는 사실을 의식하고 있어야 한다. 이와 동시에 진부하지만 널리 보급되어 있는 형이상학으로는 극복할 수 없는 대립, 즉 진리와 오류, 선과 악, 동일성과 차이성, 우연성과 필연성 간의 대립은 이제 우리의 눈을 현혹하지 못한다. 우리는 그러한 대립이 상대적 의의를 지닐 따름이라는 것, 다시 말해서 지금 진리로 인정되는 것은 지금은 은폐되어 있으나 시간이 경과함에 따라 나타날 오류의 측면을 지니고 있으며, 또 그와 꼭 마찬가지로 지금 오류로 인정되는 것도 진리의 측면을 지니고 있으며 이로 인해 일찍이 진리도 생겨날 수 있었다는 것, 또 필연적인 것이라고 확인되는 것은 순수한 우연성으로 구성되어 있으며 우연적인 것이라고 간주되는 것은 필연성이 감추어져 있는 형식이라는 것 등등을 알고 있다.

헤겔이 '형이상학적'metaphysische이라고 부른 낡은 연구 방법과 사유 방법은 주로 대상을 완성되고 불변한 어떤 것으로 취급하는 방법으로서 그 잔재는 아직까지도 사람들의 두뇌 속에 강하게 남아 있으며, 또 한때는 충분한 역사적 존재 이유가 있었다. 과정을 고찰할 수 있으려면 우선 먼저 사물을 고찰할 필요가 있다. 우리가 임의의 어떤 사물에서 일어나는 변화를 알아보기 전에 우리는 먼저 그것이 무엇인지를 알아야 한다. 이는 자연과학에서도 마찬가지였다. 대상을 완성된 것으로 간주하던 낡은 형이상학은 죽은 대상들과 산 대상들을 완성된 것으로 연구하는 자연과학에서 생겨난 것이다. 그러나 이러한 개별 대상에 대한 연구가 발전하여 결정적인 일보 전진을 할 수 있게 되었을 때, 다시 말하면 자연 자체에서 이 대상들의 변화에 대한 체계적인 연구로 넘어갈 수 있게 되었을 때, 철학 분야에서도 역시 낡은 형이상학의 임종을 알리는 종이 울렸다. 그리고 사실상 지난 세기말까지는 자연과학이 주로 **수집하는** 과학Sammelnde Wissenschaft, 완성된 대상들에 관한 과학이었다면 금세기에는 본질상 **체계화시키는** 과학ordnende Wissenschaft, 과정에 관한 과학, 대상들의 기원과 발전, 자연의 과정들을 하나의 큰 전일체Ganzen로 통일시키는 연관에 관한 과학이 되었다. 동·식물 유기체 내의 과정들을 연구하는 생리학, 개별 유기체의 발생부터 성숙에 이르기까지의 발전을 연구하는 발생학, 지각의 점차적인 형성을 연구하는 지질학 ─ 이러한 과학은 모두 금세기의 산물이다.

자연에서 진행되는 과정들의 상호 연관에 대한 인식은 특히 다음과 같은 3대 발견에 의하여 비약적으로 전진했다.

첫째, 세포의 발견이다. 세포는 그 증식과 분열로 인해 모든 식물과 동물이 발전해나가는 단위이다. 세포의 발견으로 고등 유기체의 발달과 성장이 하나의 일반적인 법칙에 따라 진행된다는 확신이 생겼을 뿐만 아니라, 세포의 가변성을 중시함으로써 유기체에서 종의 변화가 일어나며 또 그러한 변화가 유기체로 하여금 개체적 진화 이상의 진화 과정을 수행할 수 있다는 점을 알았다.

둘째, 에너지 전화 법칙의 발견이다. 이 발견은 무엇보다도 비유기적인 자연 속에서 작용하는 소위 모든 힘―역학적 힘과 그 보충인 소위 위치 에너지, 열, 복사(빛 혹은 복사열), 전기, 자기, 화학 에너지―이 보편적 운동의 각이한 발현 형태들로서 일정한 양적 비례를 지니고 한 형태로부터 다른 형태로 이행하며, 따라서 어떤 양의 에너지의 한 형태가 소멸할 때에는 그 자리에 일정한 양의 다른 형태가 나타나며, 그러므로 자연의 모든 운동은 결국 한 형태로부터 다른 형태로 끊임없이 전화하는 과정이라는 것을 보여주었다.

끝으로 셋째, 다윈Darwin이 처음으로 전반적 연관 속에서 제시한 다음과 같은 증명이다. 즉, 현재 우리 주위의 모든 생물체들은(인간도 예외가 아니다) 처음에는 많지 않은 단세포 배아로부터 장구한 발전 과정을 거쳐 발생했으며, 이 배아는 화학적 작용으로 발생한 원형질 또는 단백질에서 형성되었다는 점이다.

이 세 가지의 위대한 발견과 그 밖의 자연과학에서의 놀라운 진보 덕분에 우리는 지금 자연의 개별적 영역 내에서 그 과정들 간의 연관뿐만 아니라 이 개별 영역들 상호 간의 연관도 역시 전체적으로 밝힐 수 있었다. 그리하여 경험적 자연과학 자체가 제공한 자료들에 의하여, 연관된 전일체로서 자연의 일반적 모습을 상당히 체계적으로 설명할 수 있게 되었다.

이러한 자연의 일반적 모습을 설명하는 것이 이전에는 소위 자연철학의 임무였다. 그러나 자연철학은 아직 알려지지 않은 현상의 현실적 연관을 관념적·환상적 연관으로 대체하고 결여된 사실을 허구로 대치하면서 현실적 공백을 다만 상상으로 메꿈으로써 그 임무를 수행했을 따름이다. 자연철학에 의하여 많은 천재적인 사상이 발표되고 후일의 많은 발견이 예측되기도 했지만, 황당무계한 억지도 역시 적지 않았다. 당시로서는 또 그렇게밖에 될 수 없었다. 우리 시대에 만족할 수 있는 '자연의 체계'를 수립하자면 자연 연구의 결과를 변증법적으로 즉 사물 자체의 연관의 관점에서 고찰하기만 하면 되며, 이 연관의 변증법적 성격에 대한 의식은 좋든 나쁘든 자연과학자의 형이상학적인 두뇌에까지 침투하고 있기 때문에, 오늘에 와서 자연철학을 부활시키려는 어떠한 시도도 다 헛된 일일뿐더러 하나의 **퇴보**일 것이다.

그런데 우리가 지금 역사적 발전 과정으로 이해하는 자연에 대하여 적용할 수 있는 그것은 사회 역사의 모든 영역과 인간(및 신)에 관계되는 것들을 취급하는 과학 전체에 대해서도 역시 적용할 수 있다.

자연철학과 마찬가지로 역사철학, 법철학, 종교철학 등등도 사건들 속에서 밝혀야 할 현실적 연관을 철학자들이 머릿속에서 고안해낸 연관으로 대체하였고, 또 역사를―그 전체에서나 개별 부분에서나―이념의 점차적인 실현으로 보았으며, 더욱이 물론 언제나 다만 그때그때 철학자들이 애호하는 이념의 점차적인 실현에 불과하다고 보았다. 이에 따르면 역사는 무의식적으로, 그러나 필연적으로 어떤 확실한, 즉 원래부터 확정된

97

목표를 위해 노력한다. 예컨대 헤겔의 경우 역사가 자신의 절대이념을 실현하려고 노력하여 역사적인 사건들 속에서 내적 연관을 이루는 것은 바로 이 절대이념으로의 요지부동의 지향이었다. 그래서 아직 알려지지 않은 현실적 연관 대신에 그 어떤 새로운 무의식적이고 또는 점차적으로 의식에 도달하는 신비로운 섭리가 설정되었다. 따라서 여기에서도 자연의 영역에서와 꼭 마찬가지로 현실적 연관을 발견함으로써 허구적이고 인위적인 연관을 제거할 필요가 있었다. 결국 이 과제는 지배적인 법칙의 형태로 인류 사회의 역사를 일관하는 일반적 운동 법칙을 발견하는 것이었다.

그러나 사회 발전의 역사는 한 가지 점에서는 자연 발전의 역사와 본질적으로 구별된다. 자연에서는 (우리가 자연에 대한 인간의 반작용을 도외시하는 한) 다만 맹목적이고 무의식적인 힘이 상호 작용하며 일반적인 법칙은 이러한 힘의 상호 작용 가운데서 발현한다. 자연에서는 어디서나, 즉 표면에 나타나는 무수한 외견상의 우연적 현상에서나 이러한 우연적 현상의 내부에 있는 합법칙성을 확증하는 종국적인 결과에서나 의식적으로 기대되는 목적이 없다. 그와는 반대로 사회의 역사에서는 의식을 가지고 신중하게, 또는 열정적으로 행동하는 인간들이 일정한 목적을 추구하면서 활동한다. 여기에서는 의식적이고 의도된 목적 없이는 아무것도 수행되지 않는다. 그러나 이러한 차이가 역사적 연구, 특히 각각의 시대와 사건의 역사적 연구에서 아무리 중요하다 하더라도, 그 차이는 역사의 진행이 내적인 일반적 법칙에 지배된다는 사실을 조금도 변경하지 못한다.

물론 역사의 영역에서도 개별 인간들이 의식적으로 기대하던 목적에도 불구하고 현상의 표면만 보아서는 일반적으로 말해서 확실히 우연성이 지배하는 것같이 보인다. 바라던 것이 실현되는 경우는 극히 드물다. 대부분의 경우에 사람들이 내세운 목적은 상호 충돌하거나 모순되기도 하며, 또는 일부는 그 본질 자체에 의하여, 일부는 그 실현 수단의 부족에 의하여 달성되지 못한다. 이와 같이 무수한 개별적 지향과 개별적 행위의 충돌은 역사의 영역에서도, 무의식적인 자연을 지배하고 있는 상황과 전적으로 유사한 상황을 가져온다. 행위는 의식적인 목적이 있을지라도 실제 그 행위의 결과는 의도된 바와는 전혀 다르다. 또는 설혹 처음에는 그 행위들이 일견 기대하던 목적에 일치하는 것같이 보인다 할지라도, 결국은 엉뚱하게도 바라던 바와는 다른 결과를 가져온다. 그래서 역사적인 사건도 대체로 우연성에 의해 지배되는 것처럼 보인다. 그러나 표면상으로는 우연성이 작용하고 있는 경우에도 이 우연성 자체는 언제나 내부에 숨어 있는 법칙에 복종하고 있다. 문제는 다만 이 법칙을 발견하는 데 있다.

사람들은 역사의 진행이야 어떠하든지 간에, 각자 자기가 의식적으로 수립한 자신의 목적을 추구함으로써 역사를 창조한다. 그런데 각이한 방향으로 활동하는 허다한 지향과 외부 세계에 대한 지향의 다양한 작용의 총계―바로 이것이 곧 역사인 것이다. 따라서 문제는 또 이 수많은 개인들이 무엇을 원하는 가에 귀착된다. 의지는 열정 또는 사려에 의하여 규정된다. 그러나 열정이나 사려를 직접적으로 규정하는 지렛대는 그 성격이 매우 다양하다. 이 지렛대는 부분적으로는 외부의 대상일 수도 있으며, 부분적으로는 관념적인 충동, 즉 명예욕, '진리와 정의에 대한 열정', 개인적 증오 또는 심지어 각종의 순 개인적인 자의일 수도 있다. 그러나 한편으로는 우리가 이미 본 바와 같이 역사에서 작용하는 수다한 개별적인 지향은 대다수 경우에 바라던 결과가 아니라, 염두에 두었던 것과는 왕왕 정반대의 다른 결과를 가져오며 따라서 이러한 충동들도 전체적 결과에 대해서는 부차적인 의의를 지닐 따름이다. 그러나 다른 한편으로는 어떠한 동력이 또 다시 이러한 충동 뒤에 숨어 있으며, 어떠한 역사적 원인이 행위자의 두뇌 속에서 그와 같은 충동으로 전환하는가 하는 새로운 문제가 발생한다.

　　낡은 유물론은 한 번도 이러한 문제를 제기하지 않았다. 그렇기 때문에 그 역사관은―도대체 역사관이라는 것이 있었다면―본질상 실용주의적이었다. 다시 말해서 낡은 유물론은 모든 것을 행위의 동기에 의하여 판단했으며 역사 속에서 행위하는 인간들을 귀한 자와 천한 자로 구분하고, 귀한 자는 으레 속게 마련이고 천한 자는 으레 승리한다고 생각했다. 따라서 낡은 유물론은 역사를 연구해봐야 교훈적인 것이 별로 나오지 않는다고 결론을 짓지만, 우리로서는 역사의 영역에서는 낡은 유물론이 자기 자신을 배반했다고 결론짓는다. 왜냐하면 낡은 유물론은 역사에서 작용하는 관념적인 충동의 힘을 사건의 종국적 원인으로 생각하면서 그 배후에는 무엇이 숨어 있고 이 충동의 힘을 추동하는 동력이 무엇인가를 연구하려고 하지 않았기 때문이다.

불철저성은 **관념적인 충동의 힘**의 존재를 인정하는 데 있는 것이 아니라, 거기에만 머무르고 더 나아가서 그러한 충동의 힘을 움직이게 하는 원인을 찾으려 하지 않는 데 있다. 이와는 반대로 역사철학, 특히 헤겔을 대표자로 하는 역사철학은, 역사 속에서 행위하는 인간들의 표면적 동기나 현실적 동기는 결코 역사적 사건의 궁극적 원인이 아니며, 이 동기 뒤에는 다른 동력이 있으므로 그것을 연구해야 한다고 인정한다. 그러나 역사철학은 이러한 힘을 역사 자체에서 찾지 않고, 반대로 외부에서, 철학적 이데올로기에서 역사로 끌어들인다. 예컨대 헤겔은 고대 그리스의 역사를 그 자체의 내적 연관에서 설명하는 대신에 이 역사가 '아름다운 개성의 형식들'의 완성, '예술 작품'[33] 그 자체의 실현 이외에 다름 아니라고 극히 간단히 선언한다. 이 경우에 그는 고대 그리스인들에 관해 훌륭하고 심오한 많은 지적을 하고 있으나, 한낱 공론에 불과한 그러한 설명은 이미 현

---

33 헤겔, 『역사철학 강의』 *Vorlesungen über die Philosophie der Geschichte*의 두 번째 장, 두 번째 부분을 보라.

재의 우리를 만족시킬 수 없다.

그렇기 때문에 역사에서 활동하는 사람들의 충동의 배후에 존재하는 동력—그것이 의식된 것이든 흔히 그렇듯이 의식되지 않은 것이든—에 대한 연구, 결국은 역사의 진정한 동력을 이루는 힘에 대한 연구를 문제 삼을 때에는 아무리 탁월한 사람의 충동이라 할지라도 개별 인물의 충동을 염두에 두기보다는 오히려 대중을, 하나의 민족 전체를, 그리고 주어진 각 민족에 있어서는 한 계급 전체를 발동시키는 충동을 염두에 두어야 한다.

그리고 여기에서도 중요한 것은 일시적인 도약이나 급격히 사라지는 변화가 아니라 역사적인 대변동을 야기하는 지속적인 운동이다. 행동하는 대중과 그 지도자인 소위 위대한 인물들의 머릿속에 명료하든 명료하지 않든, 직접적이든 이데올로기적인 형태로든, 심지어 환상적인 형태로까지 반영되는 동인들을 연구하는 것이 곧 역사 일반과 개별 시대 또는 개별 지역을 지배하는 법칙을 인식하는 유일한 길이다. 사람들을 발동시키는 모든 것은 그들의 두뇌를 통과해야 하지만, 그것이 이 두뇌 속에서 어떠한 형태를 취하는가 하는 것은 크게는 주위 환경에 의존한다. 노동자들은 이제 그들이 일찍이 1848년에 라인 지방에서 한 것처럼 단순히 기계를 파괴하지는 않는다. 그러나 이는 결코 그들이 기계의 자본주의적 사용과 타협하였음을 의미하지 않는다.

그런데 과거의 시기에는 역사의 동인에 대한 연구가 이 동인과 그 결과의 연관이 복잡하고 은폐되어 있어서 거의 불가능했다면, 오늘날에 와서 이 연관은 매우 단순해져서 마침내 수수께끼를 풀 수 있게 되었다. 대산업이 도입된 이후, 다시 말해서 적어도 1815년의 유럽의 평화 이래 영국에서는 모든 정치적 투쟁의 중심이 토지소유 귀족landed aristocracy과 부르주아지middle class 두 계급의 지배권에 대한 야망이었다는 것은 이미 누구에게나 비밀이 아니었다. 프랑스에서는 동일한 사실이 부르봉 왕조의 복권과 함께 의식되었다. 티에리Thierry로부터 기조Guizot, 미녜Mignet 와 티에르Thiers에 이르는 왕정 복고 시기의 역사가들은 이 사실을 가리켜 중세 이후의 프랑스 역사를 이해하기 위한 열쇠라고 항상 말한다. 그러나 1830년 이후로는 이 두 나라에서 노동자 계급, 즉 프롤레타리아트가 지배권 투쟁에 대한 제3의 투사로 인정되었다. 상황이 매우 단순하게 되었기 때문에 고의로 눈을 감지 않는 사람이라면 이러한 3대 계급의 투쟁 속에, 또 그들의 이해관계의 충돌 속에 근대사의 동력이 있다는 점을 보지 않을 수 없다. 적어도 가장 선진적인 위의 두 나라에서는 그러했다.

그러면 이 계급들은 어떻게 생겨났는가? 비록 이전의 봉건적이었던 대토지 소유의 기원이야 — 적어도 최초에는 — 일견 정치적 원인, 즉 강제적 약탈로 돌릴 수 있었다 하더라도, 부르주아지와 프롤레타리아트를 두고 말할 때에는 더 이상 그렇게

103

할 수는 없었다. 이 양대 계급의 발생과 발전이 순전히 경제적인 원인에 의하여 규정되었다는 것은 너무나 명백했다. 그리고 지주와 부르주아지 간의 투쟁도 바로 부르주아지와 프롤레타리아트 간의 투쟁에 못지않게 무엇보다도 먼저 경제적 이해관계를 둘러싸고 일어났으며, 정치적 권력은 다만 이 경제적 이해관계의 실현 수단에 불과했다는 점도 그만큼 명료해졌다.

부르주아지와 프롤레타리아트는 모두 경제적 관계, 더 정확하게 말한다면 생산 양식에서 일어난 변화의 결과로 발생했다. 이 두 계급은 처음에는 동업조합적 수공업으로부터 매뉴팩처로의 이행에 의하여, 다음에는 매뉴팩처로부터 증기와 기계로 장비된 대공업으로의 이행에 의하여 발전했다. 일정한 발전 단계에 이르러 부르주아지에 의하여 운영되는 새로운 생산력 — 우선 분업과 하나의 공동적인 매뉴팩처 기업으로 다수의 분업 노동자들의 통합 — 과 이로 인하여 발전한 교환 조건과 교환에 대한 요구는 역사적으로 전승되고 법률에 의하여 신성화된 기존의 생산제도, 다시 말해서 봉건적 사회제도에 고유한 동업조합적 특권, 기타의 무수한 인신적 특권과 지방적 특권(이러한 특권은 특권이 없는 신분에게는 역시 마찬가지로 헤아릴 수 없는 질곡이었다)과 양립할 수 없었다. 부르주아지가 대표하는 생산력은 봉건적 토지 소유자와 동업조합 장인이 대표하는 생산제도를 반대하여 궐기하였다. 투쟁의 결과는 주지하는 바와 같이 영국에서는 점진적으로, 프랑스에서는 일거에 봉건적 질곡의 타파로 나타났다. 그리고 독일에서는 아직도 그 과정이 끝나지 않았다.

그러나 매뉴팩처가 그 일정한 발전 단계에서 봉건적 생산제도와 충돌하게 된 것과 마찬가지로, 이미 대산업도 봉건적 생산제도를 대체한 부르주아적 제도와 충돌하게 되었다. 이 제도에 결박되어 자본주의적 생산 양식의 좁은 틀에 얽매인 대산업은 한편으로는 방대한 전 민중의 프롤레타리아트화를 부단히 조장하고, 다른 한편으로는 판로를 얻지 못하는 상품을 더욱 대량으로 산출한다. 과잉 생산과 대중적 빈곤 — 양자는 서로 원인이 되고 있다 — 이러한 것이 대산업이 도달한 불합리한 모순이며, 이 모순은 생산 양식의 변혁을 통해 현재의 질곡으로부터의 생산력 해방을 필연적으로 요구한다.

이와 같이 적어도 근대 역사에서는 모든 정치 투쟁은 계급 투쟁이며 또 자기의 해방을 위한 계급들의 모든 투쟁은 필연적으로 정치적 형태를 취함에도 불구하고 — 온갖 계급 투쟁은 정치 투쟁이기 때문에 — 결국은 **경제적** 해방을 위하여 진행된다는 점이 증명되었다. 그러므로 적어도 근대 역사에서는 국가, 즉 정치제도는 종속적인 요소이며 시민사회, 경제적 관계들의 영역이 결정적인 요소임은 의심할 나위 없다. 그런데 이와는 반대로 헤겔도 가지고 있던 낡은 국가관에 의하면, 국가는 규정하는 요소이고 시민사회는 규정받는 요소였다. 외견상으로는 그러하다. 개인의 경우에 그가 행동하자면 그의 행동을 일으키는 모든 충동의 힘이 불가피하게 그의 두뇌를 통과해야 하며 그의 의지의 충동으로 전화되어야 하는 것과 마찬가지로, 시민사회의 어떠한 요구도 — 그 시기에 어느 계급이 지배하고 있는가와는 관계없이 — 법률의 형식으로 일반적 효력을 가지려면 불가피하게 국가의 의지를 통과해야 한다.

이는 문제의 형식적 측면으로서 자명한 일이다. 그러나 다음과 같은 의문이 생긴다. 이러한 형식적일 따름인 의지 — 개인적 의지이든 전 국가적 의지이든지를 막론하고 — 의 내용은 어떠한 것이며, 이 내용은 어디서 나오며 또 왜 다른 어떤 것도 아니고 바로 그것을 원하는가? 이 문제에 대한 해답을 구할 때 우리는 근대 역사에서는 국가의 의지가 대체로 시민사회의 변화하는 요구에 의하여, 이러저러한 계급 지배에 의하여, 그리고 결국에는 생산력과 교환관계의 발전에 의하여 결정된다는 점을 알게 된다.

그러나 만일 거대한 생산 수단과 교통 수단을 가진 우리 시대, 즉 현대에서조차 국가가 자립적으로 발전하는 독자적 영역이 아니라, 그 존립이나 발전이 결국 사회생활의 경제적 조건들에 의존하고 있다면, 아직 인간의 물질적 생활을 위한 생산 수단이 그렇게 풍부하지 못한 것이다. 따라서 이러한 생산의 필연성이 불가피하게 인류를 더욱 큰 정도로 지탱하지 않을 수 없었던 이전의 모든 시대에는 더욱 그러하였을 것이다.

만일 대산업과 철도의 시대인 오늘에조차 전체적으로 볼

때 국가가 생산을 지배하는 계급의 경제적 요구를 집중적으로 표현하는 것에 불과하다면, 인간 세대마다 모두 그들의 전 생애 대부분의 시간을 물질적 요구의 충족에 소비해야 했고 따라서 현재의 우리보다 훨씬 더 많이 물질적 요구에 의존하고 있었던 그 시대에는 국가의 그러한 역할은 더욱 불가피했을 것이다. 이전 시대들의 역사를 연구하면서 문제의 이 측면에 신중하게 주의를 돌리기만 하면 이는 즉시 확증된다. 그러나 물론 여기에서 우리는 그러한 점을 상세히 고찰할 수는 없다.

국가나 국가법이 경제관계에 의해 규정되는 이상, 사법私法도 역시 그렇다는 것은 두말할 필요도 없다. 왜냐하면 사법의 역할은 본질상 개인들 사이에 존재하는, 빈부 격차의 주어진 조건하에서 진행되는 경제적 관계들을 확인하는 데 지나지 않기 때문이다. 그러나 이러한 확인 형식은 매우 다양할 수 있다. 예를 들면 영국에서 그 민족적 발전의 전 과정에 상응하여 그러했던 것처럼 낡은 봉건적 법률 형식들이 대부분 유지되면서 거기에 부르주아적인 내용을 달거나, 심지어 봉건적 명칭에 부르주아적인 의미를 직접 부여할 수도 있다. 그러나 서유럽 대륙에서와 같이 상품 생산자 사회의 최초의 세계적 법률, 즉 단순 상품 소유자들의 본질적인 법률관계(구매자와 판매자, 채권자와 채무자, 계약, 채무 등등) 모두를 비할 바 없이 정밀하게 규정한 로마법을 기초로 삼을 수도 있다. 이 경우에 아직 소부르주아적이며 반봉건적인 사회에 쓸 수 있도록 단순히 재판상의 실천을

107

통하여 이 법률을 그 사회의 수준에까지 낮출 수도 있으며(보통법), 또는 식자연하고 도덕가인 체하는 법률가들의 힘을 빌려 이 사회 형편에 적합한 다른 법전으로 개작할 수도 있는데, 이 법전은 이러한 사정하에서 법률상으로 볼 때 역시 악법일 것이다(프로이센 국법). 끝으로 부르주아 대혁명 이후라면 동일한 로마법을 기초로 하여 프랑스의 민법전code civile과 같은 부르주아 사회의 고전적 법전을 작성할 수도 있다. 따라서 만일 부르주아적 법 규범이 다만 사회생활의 경제적 조건들의 법률적 표현에 불과하다면, 그 규범은 사정에 따라서 그 조건들을 잘 표현할 수도 있고 잘못 표현할 수도 있는 것이다.

국가는 인간에 대한 최초의 이데올로기적 권력으로서 나타난다. 사회는 자기의 공동 이익을 내외의 침범으로부터 보호하기 위한 기관을 만들어낸다. 이 기관이 곧 국가권력이다. 이 기관은 발생하자마자 사회에 대하여 독립성을 가지게 되며, 또 국가가 일정한 계급의 기관이 되면 될수록, 이 계급의 지배를 직접적으로 실현하면 할수록 사회에 대한 독립성은 더욱더 강화된다.

지배계급에 대한 피지배계급의 투쟁은 불가피하게 정치투쟁으로, 무엇보다도 먼저 지배계급의 정치적 지배에 대항하는 투쟁이 된다. 이 정치 투쟁과 투쟁의 경제적 기초와의 연관에 대한 의식은 차츰 희박해져서 때로는 아주 없어지는 수도 있다. 투쟁의 참가자들 자신에게는 이런 의식이 없어지는 일이란 전혀 없으나, 역사가들에게는 거의 언제나 이러한 의식이 결여되곤 한다. 로마 공화국 내에서 진행된 투쟁을 서술한 고대 역사가들 가운데서 아피안Appian만이 그 투쟁의 원인을, 즉 그 투쟁이 토지 소유를 위하여 진행되었다는 점을 우리에게 명확히 말해주고 있다.

그러나 국가는 사회에 대하여 독립적인 권력이 되는 즉시 새로운 이데올로기를 낳는다. 다시 말해서 직업 정치가나 국가법의 이론가나 또는 사법을 취급하는 법률가에게서는 경제적 사실과의 연관은 완전히 사라지고 만다.

경제적 사실들은 법률의 확인을 받기 위해서는 어떠한 경우에나 법률적 동기의 형식을 취하지 않으면 안 된다. 이 경우에 기존 법률의 전 체계를 고려해야 하는 것은 물론이다. 바로 그렇기 때문에 법률적 형식이 모든 것이며, 경제적 내용은 아무런 의의도 없는 것처럼 보인다. 국가법과 사법은 각각 독자적인 영역으로 고찰된다. 양자는 독립적인 역사 발전을 순행하고 그 자체의 체계적 서술이 가능하며 또 모든 내적인 모순을 철저히 제거함으로써 체계화되기를 요구한다.

보다 고차원적인 이데올로기, 즉 물질적·경제적 기초에서 멀리 떨어져 있는 이데올로기는 철학과 종교의 형식을 취한다. 여기에서는 관념과 그 물질적 존재 조건과의 연관은 더욱 복잡해지고 매개 고리들에 의하여 더욱 모호해진다. 그러나 여하튼 연관은 존재한다. 15세기 중엽 이래 르네상스 시대 전체가 그러

109

했던 것처럼 그때부터 다시 잠을 깬 철학도 본질상 도시의 발전, 즉 시민층의 발전의 산물이었다. 그 철학의 내용은 본질상 중소 시민층이 대부르주아지로 발전하는 과정에 상응하는 사상을 철학적으로 표현한 데 불과하다. 이러한 점은 지난 세기의 영국인들과 프랑스인들이 흔히 철학자이자 경제학자이기도 했다는 사실에서 명백히 알 수 있다. 헤겔학파에 대해서는 이미 위에서 지적했다.

그러나 종교에 대해서도 간단히 고찰하기로 하자. 종교는 물질적 생활에서 가장 멀리 떨어져 있으며 또 그것과 가장 인연이 먼 것으로 보인다. 종교는 극히 원시적인 시대에 인간이 자기 자신의 본성과 그 주위의 외계에 관하여 가지고 있던 무지몽매한 원시적인 표상에서 발생했다. 그러나 어떤 이데올로기든지 일단 발생하면 현존하는 모든 관념과의 연관하에 발전하면서 이들을 한층 더 확대시킨다. 그렇지 않다면 그것은 이데올로기가 아닐 것이다. 다시 말해서 그것은 자립적이고 독자적으로 발전하며 오직 자체의 법칙에만 복종하는 자립적인 본질로서의 사상은 아닐 것이다. 두뇌 속에서 이 사유 과정이 진행되는 사람들의 물질적 생활조건이 결국은 이 사유 과정을 규정한다는 사실은 필연적으로 사람들에게는 의식되지 못하고 만다. 왜냐하면 만약 그렇지 않다면 이데올로기란 도대체 있을 수 없기 때문이다. 원시적 종교 관념은 주로 혈연적 민족 집단마다 공통된 것이었으나, 이 집단이 분열된 이후에는 각각의 민족에게 있어서 그 민족이 처한 생활조건에 따라서 독특하게 발전한다. 이러한 발전 과정은 한 계열의 민족 집단, 즉 아리아족(소위 인도·유럽어족)의 경우에는 비교신화학에 의하여 상세하게 연구되었다.

이와 같이 개별적인 민족들이 만들어낸 신은 국가신으로서 그의 권력은 그가 수호하는 국가 영토의 경계를 넘지 못하였고, 그 경계 밖에서는 다른 신이 전적으로 지배하고 있었다. 이러한 신은 그를 만들어낸 국가가 존속하는 동안만 사람들의 관념 가운데 존재하고 있었으며, 그 국가가 몰락하면 함께 사멸했다. 고대 국가들은 로마 세계제국의 공격으로 몰락했으며 ─ 우리는 로마 제국 발생의 경제적 조건을 여기에서 따질 수는 없다 ─ 이와 함께 고대의 각 국가신은 사멸했는데, 이는 바로 로마시라는 협소한 영역에만 적합했던 로마신들의 운명이기도 했다. 세계제국을 세계 종교로써 보충하려는 요구는 로마가 자국의 신 외에도 다소 존경할 만한 타국의 신을 끌어들여 받들게 하려고 한 점에서 명백히 찾아볼 수 있다. 그러나 세계 종교는 이렇게 황제의 명령으로 만들어낼 수는 없었다. 새로운 세계 종교인 기독교는 보편화된 동방 신학, 특히 유대 신학과 속류화된 그리스 철학, 특히 스토아 철학의 혼합물로서 이미 조용하게 발생하고 있었다. 오늘날 우리는 원시 기독교가 어떤 형태였는가를 알려면 면밀히 연구해야 한다. 왜냐하면 오늘 우리가 보고 있는 공식적 형태의 기독교는 니케아 종교회의[34]에서 국교로서

111

IV

역할을 할 수 있도록 만들어진 것이기 때문이다.

그러나 여하튼 기독교가 발생한 후 250년 만에 국교가 되었다는 사실은 기독교가 그 시대의 사정에 얼마나 적합한 종교였는가를 충분히 가늠케 한다. 중세에 봉건제도가 발전함에 따라 기독교 역시 그에 상응하는 봉건적 위계질서를 지닌 종교로 형성되었다. 그러나 시민층이 등장하자 봉건적인 가톨릭에 대립하여 프로테스탄트라는 이단이 발전했는데, 프로테스탄트는 남부 프랑스의 여러 도시들의 전성기에 알비파Albigenser[35] 사이에서 처음으로 발흥했다.

중세는 여타의 모든 이데올로기 형태, 즉 철학, 정치학, 법률학을 신학에 병합시켜 각각 신학의 분과로 만들었다. 그 결과 사회의 모든 정치적 운동이 신학적 형식을 취하지 않으면 안 되었다. 대중의 감정은 오로지 종교적으로 길들여졌기 때문에 폭

---

34   니케아 종교회의는 로마 제국 기독교 교회 주교의 소위 최초의 세계회의로서 325년의 콘스탄티누스 1세(대제)가 소아시아의 니케아에서 소집했다. 회의는 전체 기독교도들에 대한 의무적인 신조(정통과 기독교 교회의 신앙설의 기본 원리)를 작성했다. 이 신조를 인정하지 않으면 국가적 범죄로 여겨 징벌했다.

35   알비파란 12~13세기에 남부 프랑스와 북부 이탈리아의 여러 도시들에 널리 퍼져 있던 종파이다. 알비파의 주요 본거지는 남부 프랑스의 도시 알비였다. 알비파는 현란한 가톨릭의 의식과 교회의 위계질서를 반대함으로써 봉건제도에 대한 도시 상인과 수공업자들의 저항을 종교적 형태로 표현했다. 알비파에는 교회의 토지를 세속화하려고 한 남부 프랑스의 일부 귀족들이 가담했다. 1209년에 로마 교황 인노센트 3세는 알비파를 반대하는 십자군 원정을 조직했다. 20년간의 전쟁과 가혹한 탄압으로 알비파 운동은 진압되고 말았다.

풍과 같은 운동을 일으키자면 필연적으로 이 대중 자체의 이해 관계를 종교적으로 분장하여 대중에게 제시하지 않으면 안 되었다. 그리고 시민층이 당초부터 어떤 신분에도 속하지 않는 도시의 무산 대중, 즉 후일의 프롤레타리아트의 전신인 날품팔이 및 각종 피고용인이라는 부속물을 만들어낸 것과 마찬가지로 이교도 역시 매우 일찍부터 두 형태로, 즉 시민적 온건파와, 시민적 이단자들에게까지도 미움을 받은 평민적 혁명파로 갈라지게 되었다.

　　프로테스탄트적 이단이 근절되지 않았다는 사실은 신흥 시민층의 건재에 상응하는 것이었다. 이 시민층이 충분히 강화되었을 때 종래에는 지방적 성격을 띠고 있던 시민층의 봉건귀족과의 투쟁이 국가적인 차원으로 확대되기 시작했다. 최초의 대규모의 진출은 독일에서 일어났는데, 이른바 종교개혁이 바로 그것이다. 그때 시민층은 도시의 평민, 하층 귀족 및 농촌의 농민들과 같은 저항적인 기타 모든 신분을 자기의 깃발 밑에 규합하기에는 아직 힘이 모자랐으며 발전하지도 못했다. 누구보다 먼저 귀족층이 패배를 당했다. 이 혁명운동 전체의 절정을 이룬 농민 폭동이 일어났다. 그러나 도시는 농민들을 지지하지 않았으며 혁명은 지방 영주들의 군대에 의하여 진압되고, 혁명의 모든 유리한 결과는 지방 영주들이 차지했다. 이때부터 만 3세기 동안이나 독일은 역사에서 독립적으로 또 적극적으로 활동하는 나라들의 대열에서 자취를 감춘다. 그러나 독일인 루터

113

IV

Luther (1483~1546)와 함께 프랑스인 칼뱅Calvin이 일어났다. 칼뱅은 진짜 프랑스인답게 종교개혁의 부르주아적 성격을 전면에 예리하게 내세우고 교회를 공화주의적이고 민주주의적인 형태로 개조했다.

　　루터의 종교개혁은 독일에서 퇴화하고 이 나라를 멸망으로 이끌어갔으나, 칼뱅의 종교개혁은 제네바에서 네덜란드에서 그리고 스코틀랜드에서 공화주의자들의 깃발이 되었으며 네덜란드를 에스파냐와 독일 제국으로부터 해방시키고, 영국에서 일어난 부르주아 혁명의 제2막에 이데올로기적 의상을 제공했다. 여기서 칼뱅주의가 당시 부르주아지 이익의 진정한 종교적 위장이었음을 알게 된다. 그렇기 때문에 1689년 혁명이 일부 귀족과 부르주아지와의 타협으로 끝난 이후 칼뱅주의는 완전한 인정을 받지 못했다.[36]

　　영국의 국교는 복구되었으나 이전처럼 왕이 법왕노릇을 하는 가톨릭적 형태로 복구된 것이 아니라, 현저하게 칼뱅주의적 색채를 띤 것이었다. 낡은 국교는 가톨릭의 유쾌한 안식일을 반겼으며 칼뱅파의 답답한 안식일을 박해했다. 그러나 부르주아적 정신으로 충만한 새 국교는 바로 이 후자를 도입하여 지금

36　1688년 영국의 명예혁명을 말한다. 이 무혈혁명의 결과 스튜어트 왕조의 제임스 2세가 추방되고 1689년 네덜란드 공화국의 왕 윌리엄 오렌지 공이 영국 왕으로 선포되었다. 1689년 이후 영국에는 토지 귀족과 대부르주아지 간의 타협에 기초한 입헌군주제가 수립되었다.

까지도 영국을 '아름답게' 하고 있다.

프랑스에서는 1685년에 칼뱅주의적 소수파가 탄압을 당하고 가톨릭으로 개종당하거나 추방되었다.[37] 그러면 이것은 어떠한 결과를 가져왔는가? 당시는 벌써 자유주의 사상가 피에르 베일Pierre Bayle이 자기 활동의 전성기에 있었으며 1694년에는 볼테르Voltaire가 탄생했다. 루이 14세의 폭력 조치는 프랑스 부르주아지로 하여금, 발전한 부르주아지만이 할 수 있는 비종교적이고 순전히 정치적인 형태로 시민혁명을 용이하게 수행할 수 있게 했을 따름이다. 프로테스탄트 대신에 자유주의 사상가들이 국민의회의 의석을 차지했다. 이는 기독교가 그 최종 단계에 들어섰다는 것을 의미했다. 기독교는 벌써 어떠한 진보적인 계급의 지향을 사상적으로 분장해주는 역할을 더 할 수 없게 되었다. 기독교는 점점 더 지배계급의 독점물이 되어갔으며 지배계급은 단순히 지배의 수단으로, 하층계급을 구속하는 수단으로 기독교를 이용하고 있다. 그리고 지배계급은 각각 자기의 고유한 종교를 이용한다. 즉, 토지소유 귀족들은 가톨릭의 예수회 또는 프로테스탄트의 정통파를 이용하였고, 자유주의적 및 급진주의적 부르주아지는 합리주의를 이용하였다. 이 경우에 이

---

37   1620년대부터 신교도(프랑스의 칼뱅주의자)들에 대한 정치적·종교적 박해가 더욱 심해진 환경 속에서 루이 14세는 1598년에 발표된 낭트 칙령 ― 이 칙령에 의하여 신교도들에게 신앙과 예배의 자유가 부여되었다 ― 을 1685년에 철회했다. 낭트 칙령이 철회된 결과 수만 명의 신교도들이 프랑스를 떠났다.

115

지배자들 자신이 자기 종교를 믿느냐, 믿지 않느냐 하는 것은 사실상 전적으로 아무래도 좋았다.

따라서 우리는 종교라는 것이 일단 발생하면 종교는 전 세대에서 물려받은 일정한 관념의 소재를 언제나 보존한다는 것을 알게 된다. 왜냐하면 일반적으로 어떤 이데올로기 영역에서나 전통은 하나의 거대한 보수적인 힘이기 때문이다. 그러나 이러한 전통적인 관념의 소재들에서 일어나는 변화는 이 변화를 일으키는 사람들의 계급관계, 즉 경제적 관계에 의하여 규정된다. 여기에서는 이 정도의 설명으로 충분할 것이다.

이상의 서술에서는 기껏해야 몇 개의 사례를 들어가며 마르크스 역사관의 일반적 개요를 설명할 수 있었을 뿐이다. 이 역사관이 진리에 부합되는가의 여부는 오직 역사 자체에서만 구할 수 있다. 그리고 나는 여기에서 그러한 논리가 다른 저작들에서도 이미 충분히 주어져 있다고 말해도 좋으리라고 생각한다. 그런데 변증법적 자연관이 온갖 자연철학을 무용한 것으로 또 성립될 수 없는 것으로 만들었듯이, 이 역사관은 역사의 영역에서 철학에 치명적 타격을 주었다. 이제는 자연에서나 역사에서나 연관성을 머릿속에서 고안해내는 것이 문제가 아니라, 이를 사실 자체에서 발견하는 것이 문제이다. 그리하여 자연과 역사에서 쫓겨난 철학에 남는 것은 — 만일 아직 남아 있는 것이 있다면 — 순수 사유의 영역, 즉 사유 과정 자체의 법칙에 관한 학문인 논리학과 변증법뿐이다.

1848년 혁명 이후 '교양 있는' 독일은 이론과 결별하고 실천의 무대로 옮겨갔다. 손 노동에 기초한 수공업의 매뉴팩처는 진정한 대공업에 자리를 내주었다. 독일은 다시금 세계 시장에 나타났다. 새로운 소독일 제국[38]은 적어도 수많은 소국가의 존재, 봉건제도의 잔재와 관료주의적 관리제도로 인해 그 발전 도상에 조성되어 있던 최대의 장애물을 제거했다. 그러나 심오한 사색[39]이 철학자들의 서재를 떠나 증권거래소에 자기의 전당을 건립함에 따라, 교양 있는 독일은 정치적으로 가장 심한 굴욕을 당했던 시기에도 독일의 영예가 되었던 이론에 대한 그 위대한 관심을 상실했다. 다시 말하면 연구의 결과가 실제에 유익할 것인가 그렇지 않을 것인가, 그것이 경찰의 비위를 거슬리는가 그렇지 않은가를 개의치 않는 순전한 과학적 연구에 대한 관심을 잃어버렸다.

물론 독일의 공식적인 자연과학은 특히 개별 영역에서는 아직 당대의 최첨단을 걷고 있었다. 그러나 미국의 잡지『과학』 *Science*이 정당하게 지적한 바와 같이 개별 사실들 간의 커다란 연관을 연구하는 데, 그리고 이 연관을 법칙으로 개괄하는 데는 종전과는 달리 지금 독일에서보다도 주로 영국에서 결정적

---

38 프로이센의 지배하에 1871년 1월에 창건된 독일 제국(오스트리아를 제외한)을 가리킨다.

39 독일어 'spekulation'은 서재에서의 공상이나 사색, 그리고 증권거래소에서의 투기라는 두 가지 의미를 포함한 말이다. ─옮긴이

인 성과가 달성되고 있다. 그리고 철학을 포함한 역사과학에 관해서 말한다면 독일에서는 고전철학의 종말과 함께 어떠한 것에도 굴하지 않는 이론적 연구의 옛 정신은 완전히 사라지고 그 자리에 우둔한 절충주의, 지위와 수입에 대한 소심한 배려, 심지어 야비한 출세주의까지 들어앉았다. 이러한 과학의 공식적인 대표자들은 부르주아지와 현존 국가의 노골적인 이데올로그가 되었는데, 더군다나 양자가 다 공공연하게 노동자 계급에 적대하고 있는 때에 그렇게 되었다.

지금은 오직 노동자 계급 가운데서만 이론에 대한 독일적인 관심이 시들지 않고 계속 생기를 띠고 있다. 그리고 노동자 계급 속에서는 이미 어떤 수단으로도 이 관심을 없애지 못한다. 노동자 계급에게는 출세나 돈벌이나 또는 상부의 자비로운 보호를 바랄 생각이 조금도 없다. 그와 반대로 과학이 더 용감하게, 더 결정적으로 진출하면 할수록 노동자의 이해관계 및 지향과 더욱 일치한다. 사회의 전체 역사를 이해할 열쇠를 노동의 발전사에서 발견한 새로운 유파는 처음부터 노동자 계급에 눈을 돌렸으며, 또 공식적인 과학에 요구하지도 않고 기대하지도 않았던 공감을 노동자 계급으로부터 받게 되었다. 독일 노동운동은 독일 고전철학의 계승자이다.

포이어바흐에 관한 테제

카를 마르크스 지음
프리드리히 엥겔스 편집

1

지금까지의 모든 유물론 — 포이어바흐를 포함하여 — 의 주요한 결함은 대상, 현실, 감각을 다만 **객체** 또는 **지각**의 형식으로만 파악하고 **인간의 감성적인 행위로서, 실천**으로서는 파악하고 있지 않으며 주체적으로 파악하고 있지 않다는 데 있다. 그렇기 때문에 **행위적** 측면은 유물론과 대립하여 관념론에 의하여 추상적으로만 발전되었다. 왜냐하면 관념론은 현실적·감성적 행위 자체를 모르기 때문이다. 포이어바흐는 사유 대상과는 현실적으로 구별되는 감성적 대상을 추구하고자 했으나, 인간의 행위 자체를 **대상적** 행위로서 파악하고 있지 않다. 그렇기 때문에 『기독교의 본질』에서 그는 이론적 태도만을 참으로 인간적인 태도로 보고 있으며, 반면에 실천은 그 탐욕스러운 유대인들의 외적 형상으로만 파악하고 고정시켰다. 그러므로 그는 '혁명적', '실천적·비판적'인 행위의 의미를 이해하지 못하고 있다.

2

인간의 사유가 대상적 진리성을 가지고 있느냐 없느냐 하는 문제는 결코 이론적 문제가 아니라 **실천적** 문제이다. 인간은 자기 사유의 진리성을, 즉 현실성과 힘을, 그 차안성을 실천에서 증명해야 한다. 실천에서 유리된 사유가 현실적이냐 비현실적이냐 하는 논쟁은 순전히 **스콜라** 철학적인 문제이다.

121

포이어바흐에 관한 테제

3

사람은 환경과 교육의 산물이며, 따라서 변화된 사람은 다른 환경과 변화된 교육의 산물이라는 유물론적 교의는 환경이 바로 사람에 의하여 변화된다는 점과 교육자 자신이 교육을 받아야 한다는 점을 망각하고 있다. 그렇기 때문에 이 교의는 필연적으로 사회를 두 부분으로 나누게 되며, 그 둘 중에서 하나는 다른 것보다 더 우월하다(예를 들면 로버트 오웬의 경우).

환경의 변화와 인간 행위의 변화의 일치는 **혁명적 실천**으로만 파악될 수 있으며, 또 합리적으로 이해될 수 있다.

4

포이어바흐는 종교적 자기 소외라는 사실, 세계가 종교적·관념적 세계와 현실적 세계로 이원화된다는 사실로부터 출발한다. 그리고 그는 종교적 세계를 그 세속적 기초에까지 끌어내리는 일에 몰두한다. 그는 이 일을 끝낸 후에도 중요한 일이 아직 완수되지 못한 채 남아 있다는 것을 깨닫지 못한다. 그런데 세속적 기초가 자기 자신으로부터 분리되어 하나의 독립적인 영역으로서 구름 속에 고착된다는 사실이야말로 이 세속적 기초의 자기 분열과 자기 모순에 의해서만 설명될 수 있는 것이다. 따라서 이 세속적 기초 자체가 우선 그 모순 속에서 이해되어야 하며, 다음에는 이 모순을 제거함으로써 실천적으로 혁명화되어야 한다. 그러므로 예컨대 세속적 가족이 신성 가족의 비밀임

이 밝혀짐에 따라, 세속적 가족은 그 자체로서 이론적으로 비판받아야 하며, 실천적으로 폐기되어야 한다.

5

추상적 사유에 만족하지 못하는 포이어바흐는 **감성적 지각**을 내세운다. 그러나 그는 감성을 **실천적**인 인간적 · 감성적 행위로 보지 않는다.

6

포이어바흐는 종교의 본질을 인간의 본질에 귀결시킨다. 그러나 인간의 본질은 개개인에게 내재하는 추상물이 아니다. 인간의 본질은 그 현실성에 있어서는 사회적 관계의 총체이다. 포이어바흐는 이러한 현실적인 본질에 대하여 비판을 가하지 않는다. 그렇기 때문에 그는,

1) 역사 과정을 도외시하며, 종교적 심성을 그 자체로서 고정시키고, 하나의 추상적인 ─ 고립된 ─ 개인을 전제로 하지 않을 수 없으며,

2) 그에게 인간의 본질은 다만 '유'類로서만, 다수의 개인을 순전히 **자연적으로** 결합하는 내적인 무언의 보편성으로서만 이해될 수밖에 없다.

123

7

그렇기 때문에 포이어바흐는 '종교적 심성' 자체가 **사회적 산물**이며, 그가 분석하는 추상적인 개인이 실은 일정한 사회형태에 속해 있다는 점을 보지 못한다.

8

사회적 삶은 본질상 **실천적**이다. 이론을 신비주의로 이끌어가는 모든 신비적인 것은 인간의 실천과 이 실천의 이해 속에서 그 합리적인 해결을 얻는다.

9

직관적 유물론, 즉 감성을 실천적 행위로서 파악하지 못하는 유물론이 도달하는 최고의 지점은 '시민사회'의 개별적 인간에 대한 직관이다.

10

낡은 유물론의 입지점은 '**시민**'사회이며, 새로운 유물론의 입지점은 **인류** 사회 또는 사회화된 인류이다.

11

이제까지 철학자들은 세계를 다양하게 **해석**해왔을 뿐이다. 그러나 문제는 세계를 변화시키는 데 있다.

ㄱ

독일의 천문학자. 1846년 베를린 천문대에서 르베리에의 지시에 따라 측정·계산하여 해왕성을 발견. 소행성의 시차視差가 태양계의 거리 결정에 쓰임을 지적하였는데, 그가 죽은 뒤 20년 만에 그것이 증명되었다.

독일의 소시민적 작가로서 1840년대 중반의 '진정한 사회주의'의 대표자였다. 1874년에 포이어바흐와 교환한 편지와 문학 유고가 있다.

프랑스의 정치가, 역사가. 오를레앙 왕가의 루이 필립 시대에 수상을 역임했다. 대금융 부르주아지의 이해관계를 대변했다.

127

인명 색인

128

129

켰다.

계에 큰 충격을 주었다.

코프 Hermann Franz Moritz Kopp (1817~1892) 73

　　독일의 화학자. 화학의 역사에 관한 다수의 저작이 있다.

ㅌ

투른 Everhard Ferdinand im Thurn (1852~1932) 51

　　영국의 식민지 관리로서 세계여행 기록을 남긴 인류
　　학자.

티에르 Louis-Adolphe Thiers (1797~1877) 103

　　프랑스의 정치가, 역사가. 공화주의자로서 7월혁명에
　　공헌하였고 프로이센·프랑스 전쟁 후 제3공화정의 초
　　대 대통령을 역임했다.

티에리 Jacques-Nicolas-Augustin Thierry (1795~1856) 103

　　프랑스의 역사가. 문헌학파에 대립하여 역사에 문학
　　적 요소를 도입하고자 했다.

ㅍ

포크트 Karl Vogt (1817~1895) 59

　　독일의 동물학자, 통속적 유물론자. 소시민적 민주주
　　의를 신봉했다.

포이어바흐 Ludwig Feuerbach (1804~1872) 12, 17, 25, 26, 45~48,
　　54, 56~59, 62~64, 68, 71~81, 83~85, 89, 121~124

131

사항 색인

133

135

사항 색인